超入門ジャーナリズム
―― 101の扉(トビラ)――

小黒　純　　李　相哲　著
西村敏雄　松浦哲郎

晃洋書房

はじめに

■メディアが充満している空間

　著名な学者マーシャル・マクルーハンは，いつも，こんな質問を周囲の人たちにぶつけたそうです．「魚は自分が水の中にいることを知っているだろうか？」と．

　魚は，水のない世界に出て初めて自分が水の中で生活していたことがわかる．私たち人間も実は魚のようにメディアという「水」の中に生きていながら，それをあまり感じずにいる，ということを言いたかったのだと思います．

　彼は，人間が手にしているありとあらゆるもの，例えば車や衣類までを「メディア」としてとらえましたが，そこまでメディアを拡大解釈しなくても，私たちの周辺には本当にメディアが氾濫しています．新聞，テレビ，ラジオ，本，インターネット，テレビ受信までもが可能になった携帯電話など，現代人はメディアに囲まれ，メディアから逃れることができなくなっています．

　メディアはもはや空気のように，現代人が生きる空間に充満しているわけです．

　しかし，現代人の生きる社会にジャーナリズムが空気のように充満しているとは言いません．メディアはあふれているけれど，必ずしもすべてのメディアがジャーナリズムをやっているわけではないからです．「ジャーナリズムをやっているとはどういうこと？」．それがこの本のテーマです．

■概念を理解する過程が学びの過程

　「ジャーナリズムとは何ですか？」という質問をよく受けます．そこで，「あなたは，DNAについて説明できる？」と，聞き返します．「なんとなく分かるけど，説明しろと言われても…」と答える学生がほとんどです．数十年前までDNAが何かを説明できる人はほんのわずかでした．DNA (Deoxyribonucleic acid) が遺伝物質であることを直接，実験で確認できたのが60年ほど前（1952年）ですから，無理もありません．ところが，DNAという言葉を使い続けるうちに，今では科学を専門に勉強していない人でも，それが遺伝物質で，遺伝子情報であることまで分かっています．

学問とはこういうものです．すなわち，概念を理解する過程，と私たちは定義します．ジャーナリズムとは何かは，辞書をめくればすぐ答えが出ます．そのような知識はあまり役に立ちません．「なるほど，そういうことだったのか」と，なんとなく分かったときが本物です．本書を読んで，なんとなく，ジャーナリズムとはこういうことだったのか，と分かればそれで十分です．

今まで，マスメディアやジャーナリズムのことを解説する本，メディアを批判する書物，ジャーナリズムの思想やメディアリテラシーに関する書物など，マスコミのことを題材にした本は数多く刊行されています．それをあえて分類してみると，おおむね2つの種類しかなかったことに気づきます．学問的なものと，ジャーナリズムの現場の話．

学問的なものと言えば，難解でわけがわからなくて，読む気にならない本ばかり，というイメージがあります．一方，現場の話を書いたものは経験談，あるいは，ワンテーマを解いている本がほとんど．木は描いているが，森は見えないと言えばいいでしょうか．そこで，超わかりやすく，超読みやすい本で，現場の話も，学問的な話も書いてあって，なんとなくジャーナリズムのことが分かるような入門書をイメージしてつくったのがこの本です．

■ジャーナリズムには101の道がある

この本には，「101の扉(トビラ)」という副題がついていますが，それには2つの意味を込めています．まず，ジャーナリズムを理解するには，100を超えるたくさんの入り口（道）があるということです．読者の中には，本当に101のQ&Aがあるかを数える人がいるのかもしれません．また，なぜ100ではなく101なんだろう，と不思議に思う読者もいることでしょう．

本当は，101に意味があるわけではありません．ジャーナリズムを語り尽くすには，100あっても足りませんし，逆に，10くらいでもそれなりの説明はできます．そうは言っても何か意味があったんだろう，と問われれば，「常識の線」で，この程度はわかってほしいという項目，しかも著者が得意とする分野を選んで書いたということです．

次に，細心な読者は既に気づいたと思いますが，101の扉には何かの印をつけていません．つまり，それらを分類して，この項目は歴史，この項目は「受け手」

のこと，この項目は「新聞」のこと，というふうに章を立てたりもしていません．

　読者は，どの入り口から「入門」しても構いません．扉を開け，門をくぐったあと，もっと奥まで進むか，そこで立ち止まり，他の扉を開けるかは自由．目的はただ1つです．ジャーナリズムとは何か，を理解できればそれでいい．

　この本を書いた私たちも，この本を読むみなさんも，本当は同じ山の頂上を目指しているのです．どの門をくぐり，どの道を選んで登るかは自分の判断に委ねられる．北からでも南からでも，もちろん東から登っても構いません．この本を書いた4人もそれぞれの道を登りながら，そこで見えた景色を書いているのです．

　最後に，この本はジャーナリズム入門書として，大学生向けに書かれたものですが，一般読者にも幅広く読まれることを願っています．

　　2010年3月

　　　　　　　　　　　　　　　　　　　　　　　　　　　著者　一同

目　次

　　　　　　　　　　　はじめに

1　「コミュニケーション」とは何ですか？
2　「マス・コミュニケーション」の「マス」は何を指すのでしょうか？
3　「コミュニケーションに関する権利」とは何ですか？
4　「マスコミ」と「マス・コミ」は同じですか？
5　「マスコミ」と「マスメディア」はどこが違うのでしょうか？
6　マスメディアのない時代，人々はどのように情報を入手していたのですか？
7　メディアの技術は昔から西洋が進んでいたのですか？
8　携帯電話も「メディア」ですか？
9　ユーチューブはジャーナリズムと何か関係がありますか？
10　「ツイッター」で何ができるのでしょうか？
11　マクルーハンとメディア
12　「ジャーナリズム」とは何なのでしょうか？
13　世の中が良くなったり悪くなったりするのはメディアのせいですか？
14　「情報」の大切さを実感できるような事例はありますか？
15　「新聞」と「新聞紙」は同じことですか？
16　新聞ができたのはいつごろのことですか？①
17　新聞ができたのはいつごろのことですか？②
18　日本で初めて新聞がつくられたのはいつですか？
19　新聞が特定の政党を支持するのはいけないことですか？
20　新聞にはどのような種類があるのでしょうか？
21　通信社は何をしているのでしょうか？
22　雑誌がつくられるようになったのはいつですか？
23　「市民メディア」はどんな活動をしているのですか？

24	「市民メディア」は昔からあるのですか？
25	「市民メディア」か，そうではないか，どうやって決めるのですか？
26	オルタナティブ・メディアとはどんなメディアなのでしょうか？
27	コミュニティメディアとはどんなメディアなのですか？
28	ビデオジャーナリズムとはどんなジャーナリズムですか？①
29	ビデオジャーナリズムとはどんなジャーナリズムですか？②
30	メディアはどのようにしてニュースを選んでいるのでしょうか？①
31	メディアはどのようにしてニュースを選んでいるのでしょうか？②
32	メディアはどのようにしてニュースを選んでいるのでしょうか？③
33	どんなニュースならば大きくなるのでしょうか？①
34	どんなニュースならば大きくなるのでしょうか？②
35	どんなニュースならば大きくなるのでしょうか？③
36	新人記者は必ず警察取材をするのでしょうか？
37	なぜ「夜討ち・朝駆け」取材をするのでしょうか？
38	「ぶら下がり」取材とは何でしょう？
39	知事や市長の記者会見にはだれでも参加できるのでしょうか？
40	「記者クラブ」とは何ですか？
41	記者クラブ制度にはどんな利点があるのでしょうか？
42	記者クラブ制度には何か弊害があるのでしょうか？
43	なぜメディアは大勢で取材に殺到するのでしょうか？
44	「集団的過熱取材」を抑えられるのでしょうか？
45	取材の「7つ道具」は何でしょうか？（昔といま）
46	取材の「7つ道具」は何でしょうか？（パソコン編）
47	取材の「7つ道具」は何でしょうか？（カメラ編）
48	取材の「7つ道具」は何でしょうか？（携帯電話編）
49	映像をつくるには，まず何から始めたらよいのでしょうか？
50	映像をつくるには，どんな機材が必要ですか？
51	映像を人に見てもらうにはどんな方法がありますか？

52	新聞記事は「逆三角形」であるべきなのでしょうか？
53	新聞記事にはパターンはあるのでしょうか？①（見出し）
54	新聞記事にはパターンがあるのでしょうか？②（リード）
55	新聞の見出しは誰がどうやって付けるのですか？
56	新聞の見出しにタブーはあるのですか？
57	記事の日付から何が分かるのでしょうか？
58	新聞の紙面作りは，誰がどのように決めていますか？
59	号外はいつ，なぜ配られるのでしょうか？
60	新聞の社説はなぜ，どのように書かれるのでしょうか？
61	特ダネとは何を指すのでしょうか？
62	なぜ開票前に「当選確実」が打てるのでしょうか？
63	調査報道とはどんな報道のことなのでしょうか？
64	テレビの視聴率が高いのはすばらしいことなのでしょうか？
65	国際会議の報道に何か問題があるのですか？
66	最近は国際会議の報道を市民もするそうですね．なぜですか？
67	市民による国際報道はうまくいくものなのですか？
68	日本でも市民が国際会議を報道したことはあるのですか？①
69	日本でも市民が国際会議を報道したことはあるのですか？②
70	誤報はなぜ起こるのでしょうか？
71	記事が捏造されたことが過去にあったのでしょうか？
72	「訂正・おわび」はいつ，どんなときに出すのでしょうか？
73	実名で事件を報道するのはなぜですか？
74	少年事件の容疑者はなぜ匿名で報じられるのですか？
75	ジャーナリストを育てるのは誰ですか？①
76	ジャーナリストを育てるのは誰ですか？②
77	ジャーナリストは危ない職業なのでしょうか？
78	新聞社の経営はどうなっているのでしょうか？
79	新聞の宅配制度は日本だけにある「制度」なのですか？

80	新聞の未来はどうなるのですか？
81	今後も新聞は必要ですか？　テレビやインターネットがあれば十分ではないでしょうか？
82	新聞の行方を考えるシンポジウム①——新聞産業が置かれている現状
83	新聞の行方を考えるシンポジウム②——取材・報道を取り巻く現状
84	米国では紙の新聞がなくなるのでしょうか？
85	ピューリツァー賞は本当にすごい賞なのでしょうか？
86	カナダの多言語テレビとはどんなものですか？
87	イタリアにユニークなラジオ局があるそうですが？
88	経済発展が著しい中国で，メディアはどうなっていますか？①
89	経済発展が著しい中国で，メディアはどうなっていますか？②
90	中国にも言論の自由はありますか？①
91	中国にも言論の自由はありますか？②
92	韓国のメディアは日本のメディアに似ているのでしょうか？
93	韓国ではテレビと新聞が対立することがあると聞きました，本当ですか？
94	韓国にも言論の自由はあるのでしょうか？
95	北朝鮮のメディアはどうなっていますか？
96	先住民が自らのメディアを持つ取り組みを教えてください．
97	「動く放送局」があると聞きました．いったい何のことですか？
98	開発途上国でジャーナリズム教育が重要視されているのはなぜでしょうか？
99	「スーツケース・ラジオ」とはいったい何なのでしょうか？
100	ジェンダーとメディアはどういう関係にありますか？
101	「新規学卒一括採用」という制度は何が問題なのですか？

超入門ジャーナリズム

101の扉(トビラ)

 もっと学ぶための参考図書やウェブサイトを紹介しています．

 理解できたかを確認し，さらに考えてみるための質問です．ただし，解答は書かれていません．

O R N M 各項目末のマークは執筆担当者を示しています．
順に小黒純（O），李相哲（R），西村敏雄（N），松浦哲郎（M）．

1 　「コミュニケーション」とは何ですか？

COMMUNICATION

大学3年生になるとそろそろ就職活動を始めるんですね．「就職活動で決め手になるのは何ですか？」と，ゼミの学生から質問されることが多いので，知り合いの会社経営者に聞いてみたところ，「一番大事なのはコミュニケーション能力ですね」と，はっきり答えてくれました．新聞社も，IT企業も，飲食関係企業も，業種が違っても同じだそうです．

■コミュニケーションと人間の精神

コミュニケーション（communication）がいかに大事かを考えるために，衝撃的な事例を一つ挙げましょう．

1970年，米国のカリフォルニア州警察は，ある民家から13年間も監禁状態にあった女の子を発見しました．女の子は2歳になる年から暗い部屋に閉じ込められて育ちました．子どもが嫌いだった父親（逮捕当時70歳）が女の子の足を鎖で縛り，重い椅子につないだまま，食べ物だけを与えたというのです．

救出された女の子はいくら教育しても，しゃべることも，歩くことも，人を見分けることもできませんでした．彼女は物事を認識する能力を完全に失っていたのです．科学者たちが，ありとあらゆる方法を駆使して訓練を試みましたが，20歳になっても，3歳児以下の能力しか身につけられませんでした．

この話は，大事なヒントを私たちに与えてくれます．人間の精神は他人とのコミュニケーションを通じて形成される，コミュニケーションがなければ人間の精神も存在しない，ということです．

人間が先か，社会が先か？　1人ひとりの人間が部族または社会集団として集まるまで，人間は「精神」は持っていなかったと言えます．つまり，社会があって初めてそこから意識が芽生え，その意識を伝達することになり，社会は形成されるのです．

大袈裟だと思うかもしれませんが，コミュニケーションがなければ，人間も人間社会も存在しない．それほどコミュニケーションは私たちにとって大事です．

「コミュニケーション」とは何ですか？　*3*

■石も一種のメディア

コミュニケーションは，その過程や意味はかなり複雑ですが，言葉そのものは日本語の「伝達」とほぼ同じ意味です．ただ，「伝達」と簡単に翻訳しないのは，コミュニケーションとは，メッセージや意味を伝達するだけでなく，メッセージに対する反応や，意味，意識の共有，相互作用なども含むからです．

幼児が外部からの刺激や経験をどう象徴化するのかについては，近年，やっと分かるようになりました．神経科学，コンピュータ科学，認知科学の研究者が一緒になって，人間のコミュニケーションのメカニズムを突き止めようとする研究や実験が，最近では盛んになっています．これまでにわかっているのは，人間の頭脳は微細な電気化学的な回路でつながっていて，無数のニューロン，すなわち，スイッチのようなものが，脳の中の回路をコントロールしているらしいということです．

このように頭の中で処理された意思を他人に伝達し，それを受けて反応する過程をコミュニケーションと言います．ただ，意思を伝達しようとすると，伝えようとする人と，それを受け取る人との間に何か手段が必要になります．それを学問の世界では「メディア」と言います．「メディア」というとすぐ，テレビや新聞が連想されます．しかし，知ってのとおりテレビや新聞というメディアは，近代になって生まれたものです．

テレビのようなメディアがなかった時代はどうしていたんでしょうか？　石に字を刻んだりして伝えた．難解な絵文字が書かれた石も，1種のメディアだったわけです．　　　　　　　　　　　　　　　　　　　　　　　　　　　　Ⓡ

　船津衞『コミュニケーション・入門——心の中からインターネットまで』有斐閣（有斐閣アルマ），1996年．

　コミュニケーションに関する定義の中から，自分が納得できると思う定義を2つ探しましょう．選んだ理由は？

2 「マス・コミュニケーション」の「マス」は何を指すのでしょうか？

コミュニケーションという言葉は，「伝達」する過程だけでなく，「メッセージを通じての相互作用」することまでが含まれる，という意味にしておきましょう．コミュニケーションには，友たち同士でおしゃべりするというような「対面コミュニケーション」もありますし，授業（場合によっては数百人の授業）で先生と生徒との間に行われるような「集団コミュニケーション」，テレビや新聞を通して，互いに知らない記者と読者・視聴者とが結ばれるような「マス・コミュニケーション」(mass communication) などがあります．

■「マス」とは？

マス (mass) は「大勢の（人）」，「大量の（情報）」を意味する言葉です．ただ，実は，そんなに簡単に説明がつく言葉ではありません．「大勢」という言葉があいまいだからではなく，「大勢」を表す言葉には，「集団」，「群衆」，「公衆」，「大衆」など主に4つがあって，それぞれ意味が違うからです．

この4つの言葉を使い分けるのは非常に重要です．学問の世界でこの4つの概念をはっきりと使い分けた最初の人はハルバート・ブルマー (Herbert Blumer 1939) という人です．彼は次のように説明しています．

小さな集団の中では，構成員たちは互いに面識もありますし，集団への所属意識もある．また，似たような価値観を共有し，特定の目的のために，互いに影響しあうのです．小さな会社とか，大学のような組織，これを「集団」と言います．

「群衆」は，一時的に作られた集団で，しかも特定の空間にたまたま集まった人々の集団を指します．コンサートに集まっている観客，サッカーを見に集まった人々，そのような集合体を「群衆」と言います．集まったときは同じ雰囲気，感覚を共有しますが，組織化されていませんし，組織でもありません．

では「公衆」とは何でしょう？ 必ず同じ場所に集まっている人々の集団のことではなく，広く散らばっているが，公的な面とか，特定の事案を中心に形成される人々の集団を指します．「公衆」という概念のもっとも重要な部分は，それぞ

れ散らばっていても1つの連帯を組んでいて，目的も明確であることです．特定の意見などを集約して，政治的な変化をもたらそうとする．「公衆」が存在するということは，民主主義社会の特徴の1つでもあるという人もいます．

■「大衆伝播」とは？──────

「大衆」は，集団，群衆，公衆より「もっと大きい集団」というふうに定義してもよいのですが，そう簡単ではありません．確かに，構成員の範囲は広く，集団の規模も大きい．構成員たちは互いに知らない．特定の目的のために，組織的に行動することもない．集団としてのアイデンティティもない．範囲も構成員も常に変化する．すなわち，異質な多くの人，あらゆる社会階層の人，多様な人々を含みます．

「大衆化」という言葉があるように，「大衆」は初めは，教育を受けていない「一般の人々」，特に，労働者，農民などの一般労働階級を指す言葉として使ったりもしました．が，これは「大衆」を政治的に解釈したからだと思います．このため，漢字の国，中国では「マス・コミュニケーション」を「大衆伝播」と翻訳するのかもしれません．マスを「大衆」に訳すのはよいとしても，「コミュニケーション」を「伝播」と訳すのは少々問題あると思いますが．

それはともかく，「マス・コミュニケーション」という言葉の中の「マス」は，どちらかといえば「大衆」という言葉に近い概念です．　　　　　　　　　Ⓡ

清水英夫〔ほか〕『マス・コミュニケーション概論』(新版) 学陽書房，2009年．

「情報社会」とはどのような社会を指すのでしょうか？ 30年前に比べて生活のどこが変わったかを挙げてみましょう．

3 「コミュニケーションに関する権利」とは何ですか？

人間は生まれたその瞬間から，家族や自分を取り巻くコミュニティとさまざまなコミュニケーションを交わすことにより，人間として成長していきます．コミュニケーション自体は他の霊長類などにも見られますが，精神を育むのは人間だけです．「人間がコミュニケーションを行うのはあまりにも自然なことで，『コミュニケーションの自由』とでも言われれば，なんとなく分かるが，『権利』と言われても……」という人がいるかもしれません．「権利」とは制度として保障することです．なぜコミュニケーションがわざわざ「保障」されなければならないのか．その理由と，関連する取り組みをみていきましょう．

■「権利意識」の醸成 ──────

第二次大戦中のナチス・ドイツ下では，家庭での家族の会話にも気を遣いました．ナチスに批判的な発言をした親を，その子どもがナチスに密告し，検挙される例が相次いだのです．また同時期の日本では，治安維持法によって，厳しい思想や表現の統制が行われました．同様のことは，現代も地球上の様々な地域で起こっています．カフェでの友人との楽しい語らい，ブログへの書き込み等，日頃私たちが当たり前と思っている「自由」．それが「権利」として保障されていなければ，もしも他の人々や国家によって侵害されたとしても，私たちは法に基づき合理的に抵抗し争うことができません．

その点で，1948年に国連で採択された世界人権宣言は大きな影響力を持ちます．第19条では，「意見と表現の自由」，そして「あらゆるメディアを通じて，情報や思想を求め，受け，伝える自由」をすべての人が有するとうたい，その権利の保障を，加盟国に求めています．

「表現の自由」，「意見の自由」，「報道の自由」などの権利意識が醸成される中で，1969年，ジャン・ダルシー（フランス）が「コミュニケートする権利」を初めて提唱し，その概念を提示しました．先に認知が進んでいた上述の諸権利の根本をなす権利であるとされています．生まれたばかりの赤ん坊が「報道」はせずとも，

親と「コミュニケートする」様子を想像すれば，理解できますね．コミュニケーションに関する権利には，これらの権利が含まれます．

■「権利」を求める国内の取り組み ─────────

　国内でも長年にわたり，団体や個人によって，コミュニケーションに関する権利の保障を求める活動が続けられてきました．新しいものでは，2008年8月に発足した「コムライツ (ComRights)」（コミュニケーションの権利を考えるメディアネットワーク）の活動を挙げることができます．メディア関係者や，NPOスタッフ，メディア研究者らが約100名参加しています．

　世界人権宣言がうたう「あらゆるメディアを通じて，情報や思想を求め，受け，伝える自由」に基づき，既存メディアへの市民のアクセスを保障し，市民による新規メディアの開設を促すようなコミュニケーション政策を国がとるよう，政党や政府へ政策提言を行ったり，シンポジウムを開催したりしています．

　最近は，「インターネットがこれだけ発達しているのだから，今さらテレビやラジオへのアクセスは考えなくてもよいのではないか」という声をよく耳にします．しかし国によりインターネットが遮断されたり，あるキーワードを含んだ検索結果が非表示にされたりするケースが海外で相次いでいます．「日本は先進国だから大丈夫」という考えが一番心配です．

　どんな政府も，自らにとって不都合な意見や主張を疎ましく思うのは同じです．コミュニケーションに関する権利とは，言ってみれば，風船のようなもので，放っておけばどんどん萎んでいきます．ですから私たちは，あらゆるメディアへの市民参加を求め続け，絶えず風船を膨らませる努力を怠ってはならないのです．

「コムライツ」ウェブサイト　http://comrights.org/

あなたが大切にしたい（侵害されたくない）と思うコミュニケーションは何でしょう．その理由は？

4 「マスコミ」と「マス・コミ」は同じですか？

　ジャーナリズムに関する本を読んで既に気づいた人もいると思いますが、「マス・コミュニケーション」を「マスコミュニケーション」と書いて、「マス」と「コミュニケーション」の間に黒い点「・」を付けるものと、付けていないものとがありますね．

　そんな細かいことはどうでもいい？　厳密に言うとこの2つは違うのです．間に黒い点を付ける人たちは、「マスコミュニケーション」という言葉を1つの「単語」として扱うのです．黒点を使わない場合は、「マス」と「コミュニケーション」という2つの単語は分けることができず、すでに1つの概念として定着していると考えるからです．いずれにせよ、この言葉の起源をさかのぼれば、2つの概念を合体したものです．

マスコミによる本物の取材に近づこうと、プロの音楽家相手に実践的なインタビューに取り組む大学生ら＝2009年8月、長野県木曽町（撮影：小黒純）

5 MASS MEDIA

「マスコミ」と「マスメディア」はどこが違うのでしょうか？

　「マスコミ」は，「マスコミュニケーション」という言葉をもじった言葉として考えられなくもないですが，一般的に，日本では「新聞やテレビ，ラジオ，雑誌，映画，最近ではインターネットのこと」を指します．つまり，「マスメディア」を意味する言葉として使っています．

　マスメディアとは，情報を運ぶ手段，あるいは器のようなものです．情報を運ぶ手段と言っても，一度にたくさんの情報を運ぶ手段でなければ，マスメディアとは言いません．小学校時代に作った「クラス新聞」も情報を伝える手段という意味ではメディアですが，送る人も，それを読む人も少なく，情報の量も多くないのでマスメディアとは呼びません．

■マスメディアの条件

　マスメディアが，マスメディアと呼ぶに値するには，いくつかの条件が整わないと駄目です．

　まず，情報を送る人も受ける人も大勢の人，すなわち「マス」でなければなりません．他の項でも述べましたが，マスとは，大勢の人，たくさんの量を表す言葉です．大勢の人，大衆という意味に加え，「大規模の○○」という意味も含まれます．

　次に，「メディア」という言葉は，単純に言えば何かを伝達する手段ですが，何を，誰に，どのように運ぶ手段なのかが問題です．すなわち，送る側と，受ける側がいて，それをメッセージ，もしくは「意味」でつなぐ手段がメディアです．

　では，「メディア」という概念と，日本語の「媒体」は同じ意味なのでしょうか？　同じ意味だと考えてもいいでしょう．ところが，なぜ「マス・媒体」と言わないで，「マス・メディア」と言うのでしょう？　ただ，格好悪いから？いいえ，そうではありません．「マス」を必ず「大衆」と訳さずに使うのと同じです．

　メディアを単純に「媒体」，「媒介するもの（medium）」と理解してもいいのですが，その意味をもうちょっと深く考えてみましょう．

私たちが普通に話をするとき（パーソナル・コミュニケーションとも言います）も実はメディアを必要とします．この場合，意味やメッセージを伝える手段は，声とか，表情，ジェスチャーになりますね．では，声やジェスチャーがなぜメディアなのか？　メッセージを書いた紙などをメディアと呼ぶのは理解できても，ジェスチャーがメディアであるとは，あまり聞かない話ですね．

■狭くも広くも解釈できる概念――――――

　でも，メディアは非常に多様な解釈ができます．例えば，ジェスチャーがメディアだと言っても間違いとは言えません．しかも，メディアという言葉は人によっては広くも，狭くもとらえているということです．ですから，マスメディアは，そのようなさまざまなメディアの1種であると言えます．

　話を戻しましょう．「マスコミ」とは「マスメディア」と同義語で使われていますが，あえて日本語で解釈するなら，大量の情報を伝達して大勢の人々の間に相互作用を惹き起こすメディアのことと言えるでしょう．

　ところが，「マスコミ」と同じ意味で使う言葉は他にもあります．「メディア」という言葉です．「メディアスクラム」「メディアミックス」「メディアリテラシー」のような多くの熟語が生まれていることからもわかるように，「メディア」は，多くの場合，新聞やテレビ，ラジオ，雑誌など大手企業のメディアを指す「マスコミ」と同じ意味で使われています．　　　　　　　　　　　　　　　　　Ⓡ

佐藤卓巳『メディア社会　現代を読み解く視点』岩波書店（岩波新書），2006年．

「ニューメディア」とは，どのようなメディアを指すのでしょうか？　その特徴は何でしょうか？

6 OBTAINING INFORMATION

マスメディアのない時代，人々はどのように情報を入手していたのですか？

　人類の歴史は，メディア発達の歴史と言ってもいいでしょう．メディアの発達が人間社会の発達を促し，逆に人間社会の発展がメディアの発達に環境を提供した，とも言えます．今のようなインターネットやテレビ，新聞，ラジオ，雑誌などのマスメディアが生まれるまで，人間は長い時間，いろんな方法を使ってコミュニケーションを行いました．

■口伝時代のメディア

　人間はまず，口頭のコミュニケーションに依存しました．つまり，すべてのコミュニケーションは必ず，面と向かって行っていました．口やジェスチャーが主な手段でした．エキスモー人やアフリカの部落にみられる「史官」や「口伝長」らは，彼の部族の歴史を何百年までさかのぼって語れます．これを「口伝（くでん）」と言います．

　口伝メディア時代では，口以外に頼れるメディアがなかったので，頭で知識や経験，「記憶」を伝えるため，特別な技術（ハンターの技術や農業技術など）をもっていたり，貴重な経験をもっていたりした人たち，例えば経験豊かな長老らが社会的な地位が高く，尊敬されました．

　それに物語を「語る人」が尊敬されます．部族の「英雄物語」，「神話」はこのような「語る人」によって，記憶され，伝達され，伝承され，知識として蓄積されますから，社会にとって非常に重要な人たちでした．

　このような社会では，人と人との間に直接な接触があり，生存のために互いに依存していて，人々は視覚，聴覚など五感を媒体にして，コミュニケーションを行ったのです．

　もちろん，メディアを広く解釈するなら，この時代にも目に見えるメディアは存在しました．木の枝を折って，道印をつけたり，家畜に標識をつけて自分の所有であることを表示したり，社会的地位を表すために，身に特別な飾りをつけたり，刺青を入れたりと．

■文字という新しいメディアの誕生

文字の誕生は,そのようなコミュニケーション形態を大きく変えました.しかも,文字誕生によって人間社会には,とてつもなく大きな変化が訪れるのです.地域によって異なりますが,地球規模で言うなら,今から約2千年前までを文字のある前の歴史,すなわち口伝によるコミュニケーション時代に区分します.

その後,文字時代に入ります.文字を使って,メッセージを伝えたり,それを筆写してそれを流通させたり,保管したりし始めたのは,時間的に,地域によって大きく異なります.

文字の歴史は,シュメール文字(紀元前3200年)までさかのぼると,5000年以上の歴史があります.その後メソポタミア地域,すなわち西アジアのチグリスとユーフラテス両側の間,アルメニア高原からペルシア湾に至る地域でも文字は生まれます.

アジアでは,中国黄河流域において紀元前15-11世紀の間に文字が生まれ,アジア,特に東アジアの文明はこの中国文字(漢字)というメディアに大きく影響されることになります.詳しい話は他に譲ることにしましょう.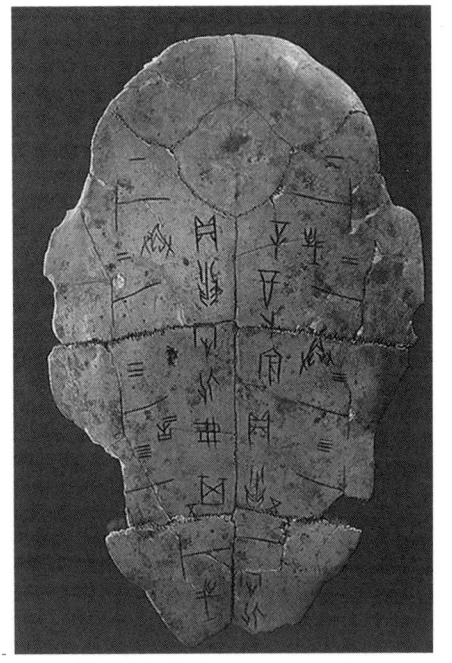

甲羅(腹甲)に書かれた甲骨文字.今までに約 1500 文字が解読されている.
(http://www.xsshuhua.com/mingjiajingdian_show.asp?newsid=364 より)

後藤将之『マス・メディア論』有斐閣(有斐閣コンパクト),1999年.

マスメディアの情報とインターネット上の情報とはどこが違うと思いますか?

7 MEDIA TECHNOLOGY

メディアの技術は昔から西洋が進んでいたのですか？

　文字がつくられたとしてコミュニケーション形態がすぐ変わったわけではありません．シュメール文字は焼き物の粘土板（ウルク遺跡の小版とも言う）に書かれています．長方形状の粘土版に葦（あし）のペンで記号のような絵文字を書いています．それは物語や文学的な記述をするためではなく，倉庫に何をいくつ保管したか，羊の群を数えるためのもので，コミュニケーションの手段とはなっていませんでした．

　葦のペン先で粘土版にデッサンをすると，ラインがはっきりしなかったり，崩れたりしたので，今度は粘土版に葦ペンを押し付けて，とがった三角形の刻印をつくっていった．こうしてくさび形の文字が生まれます．

■記録のための文字の誕生

　シュメール人は，昔から商売上手な民族だったのでヨーロッパもアフリカも，アジアにまたがって商売をしました．しかし，彼らの文字は他民族にはさっぱり通じない．そこで，もう少し正確で広く使える文字が必要になります．そこで，アルファベットのような記号で表示する文字が誕生します．概ね紀元前1800年ごろと言われています．それから約1000年後，ギリシアで完全に記録のための文字として発展します．

　ギリシア人や古代エジプト人，古代ローマ人は葦をつぶして平らにし，それをつないだ紙草に字を書いたりしました．紀元前100年ごろになるとローマ人が羊の皮に字を書くようになり，広がります．人類が紙に文字を書いて，それを持ち運んだり，それを保管したりするようになるのは，紀元100年代に入ってからです．中国人で宦官の蔡倫（ちゃいりん）が，木の皮や古い布を水に寝かせるなど，長い歳月をかけて実験を重ね，紙をつくりました．紙がヨーロッパに伝わるのは，それから約600年後のことです．

　アジアで文字がつくられるのは，今から約3100-3400年前の間ですから，文字が現れるのは西アジアに比べて遅かった．アジアの最初の文字は，中国河南省安

土県あたりの黄河流域で生まれます．漢字の古里です．

■漢字という不滅のメディア

　漢字は最初，コミュニケーションの手段，つまり，メッセージを書くなど，生活上の必要手段としてつくったわけではありません．占いの結果を記すために用いられました．血を塗った動物の骨に占いの結果を刻んだのが，漢字の原型である甲骨文字です．それが言語と結びつき，意味伝達の手段として用いられるまでにはそんなに歳月を必要としませんでした．

　今から約2500年前の孔子時代にすでに，中国には多くの書物が出回っていました．本と言っても「竹簡」，もしくは「木簡」と言うものに書いたものです．木片や竹片に文書を書き，麻紐などでとじ合わせたものです．それをぐるぐる巻いて持ち運んだりしました．孔子が読んだ本はこのような巻物で，旅行のときは，馬車一杯に乗せて運んだそうです．ちなみに，いま，書物を1巻，2巻などと呼ぶのは，その名残ですね．

　文字発明以降，中国人は，いろんな媒体を使って文字を書きました．亀の皮，獣の骨，石，銅版（銅器），竹片，木簡，絹に書いたりしました．石に書いた文字は長持ちはするが，手間がかかる上，持ち運びが難しい．絹は書きやすいし，保管にも適するがあまりにも高価．なので，竹片がはやったのだと思いますが，これも紐でつないで巻物にするとかさ張るし，持ち運びも面倒だったでしょう．

　そこに，発明されたのが紙です．文字が誕生し，紙が発明されると世界はガラッと変わりました．本当の文明はここで始まったと言ってもよいでしょう．紙という媒体の発明はコンピュータの発明以上に人類の知恵を向上させたと思います． Ⓡ

佐藤卓己『現代メディア史』岩波書店（岩波テキストブックス），1998年．

メディア技術の進歩は私たちの生活にどんな影響を与えていますか？　具体例を1つ挙げてみましょう．

携帯電話も「メディア」ですか？

　テレビが登場し，普及し始めたとき，評論家の大宅壮一が，「一億総白痴化」という言葉を創りだし，その言葉が一時流行語になったことがあります．メディアの進歩は必ずいい結果ばかりをもたらすとは限らないと言いたかったのでしょう．テレビが人々にどのような影響を及ぼすのかについてさまざまな研究が行われるのはそのためです．新しいメディアが登場すると必ず副作用やその影響だと思いたくなる現象が起こります．

■人類が初めて手にする最高のメディア

　携帯電話もそうです．携帯電話が犯罪に使われるケースが増えると，携帯電話に問題があるかのように言う人も少なからずいます．しかし，携帯電話がいかなる発展を遂げたとしても，それ自体はあくまである種のメディアであり，媒体に過ぎませんから，罪があるわけではありません．むしろ携帯電話はますます現代人に必要不可欠の道具になりつつあるのです．

　携帯電話の可能性は無限に広がっています．リアルタイムでニュースをチェックするのは当たり前．携帯電話でコンサートの入場券を購入し，株式取引を行い，テレビや音楽，オンラインゲームを楽しむことができます．出張先が，地球の裏側であっても，メールや通話がいつでも可能だし，世界のあらゆる場所から発信されるニュースであっても随時チェックできます．

　このような世界は，20年前では，未来映画でしかみることができませんでした．空想の世界だと思ったことでしょう．それがいま現実になったわけです．20年ほど前まで，このような時代がくることを誰が想像できたでしょうか．1990年，全世界に携帯電話をもっている人は1100万人だったといいます．それから10年後の2000年，携帯電話を使う人は4億人に増えました．今では，中国だけで4億人以上（2008年）が携帯電話を使用しています．

■人間を解放したメディア

　携帯電話によって人間の行動様式，生活は一変しました．東京で会社を経営し

ている友人は，会社に自分の机を置いてないそうです．彼の1日の業務は，朝10時ごろ自宅の近くのコーヒーショップで始まります．その日の予定などは秘書から送られてくる携帯メールでチェックし，携帯電話でその日の業務を指示し，朝刊を読みながら朝のコーヒーを楽しみます．昼の約束，何を食べるか，どこで誰に会うかについても，取引先との連絡も携帯電話で行うそうです．

　昼食を終えてからは近所の公園を散歩するか，そのままスポーツセンターに行ってサウナでくつろぐ．その場合でも，携帯電話は必ずそばに置いておくのを忘れない．それさえあれば業務に支障をきたすことはまずありませんから．このような経営者がいま，増殖中です．土地代の高い首都圏では社長室を構えるよりは安上がりだからです．

　現代人は携帯電話が普及したおかげで，この社長さんのように生活を楽しみながら仕事ができるようになりました．ですから「携帯電話はその移動可能な利便性によって人間を解放した驚異的な道具である」という人もいます．もしかすると携帯電話は，人類が初めて手にするもっとも優れたメディアと言うべきかもしれません．少なくとも，それを有効に利用している人にとってはそうでしょう．もちろん，携帯電話のおかげで余計に忙しくなっている人も，逆に邪魔（隠密行動が難しくなるなど）になってしまう人もいることでしょう．

　技術の進歩，メディア技術の進歩は，常に問題も併せ持つわけですね．　　🅡

水越伸『コミュナルなケータイ——モバイル・メディア社会を編みかえる』岩波書店，2007年．

技術の進歩はジャーナリズムをどう変えると思いますか？

9 ユーチューブはジャーナリズムと何か関係がありますか？

ユーチューブ（YouTube）は，2005年2月に米国カリフォルニア州で設立された，インターネット上の動画共有サイトです．サービス開始後，瞬く間に人気となりました．音楽を演奏する自分の姿やペットの様子などを撮影したホーム・ビデオ的な作品から，政治家のインタビューや紛争地域でのレポートまで，ありとあらゆる動画が並んでおり，無料で視聴できます．再生回数が1000万回を超える動画も多く，その社会的影響力も増大の一途をたどっています．

■批判から連携へ

ユーチューブが開設されると，多くのテレビ番組や映画がアップされ，人気を高めました．一方，米国のテレビ局や映画会社は，著作権侵害を理由に，投稿された動画の削除を求めるなど，当初はユーチューブに対して批判的でした．しかしユーチューブのあまりの反響ぶりに，開設の年の6月以降には，すでに協力関係の模索を開始しました．ユーチューブ側も，著作権侵害となるコンテンツを自動的に削除するシステムを開発するなど，既存メディアとの協力を深め，番組や映画の宣伝，ニュース映像などが配信されるようになりました．

ユーチューブに登録すると，単に動画を投稿するだけではなく，自分の「チャンネル」を持てるようになります．2007年12月には英国王室が「王室チャンネル」を開設．2008年の米国大統領選では，オバマ陣営のチャンネルに多くの人々がアクセスしました．政党や地方自治体，政府省庁が独自のチャンネルを開設する動きが日本でも広がっています．国内のテレビ局とユーチューブとの連携は米国に比べ，ずいぶん遅れていましたが，2009年9月にテレビ朝日とTBSがニュース番組の配信を始めるなど，関係強化の兆しが見られます．

■「プラットフォーム」としての機能

テレビ局に行って，「私の作品を流してください」と言っても「はい，分かりました」とはなりません．限られた時間枠の中で，最大限の視聴者をひきつけなければならない放送局は，「数字のとれる」番組を優先させます．またレンタルビデ

オショップを訪れて,「私の作品を置かせてくれ」と言ってもそううまくはいきませんね.在庫の置き場所は限られていますから,多くのお客が借りてくれる作品が優先されます.

ユーチューブの場合,動画はデジタルのデータとしてサーバーに保存しますから場所をとりません.さまざまな人々がさまざまなテーマで投稿した動画を大量にサーバーに置いておけば,ユーチューブ側が24時間の番組編成をせずとも,視聴者は見たい時に,見たい動画を閲覧することができるのです.大手のメディアでは取り上げられないテーマの作品も,多くの人々に見てもらえる可能性があり,市民のメディア活動に大きな可能性を与えています.

またユーチューブ上では,検索結果や関連動画のリストをたどっていくことで,思いもよらない動画にたどり着くことがありますね.駅のプラットフォームが,多様な目的と目的地を持った人々で賑わい,思いがけない旧友との再会や,新たな出会い,交流の機会を提供するのに似ています.社会的マイノリティに関連した作品を見るためにユーチューブを訪れる人は,相対的に少ないかもしれませんが,「プラットフォーム」を巡るうちに,それらの作品に偶然出会ってくれる人もいるでしょう.

近年,チベット,ウイグル,イランなど世界各地で市民が撮影した動画がユーチューブにアップされ,国営メディアの報道内容との違いや矛盾が世界的に露呈する事例が相次いでいます.市民に映像発信の場を提供したユーチューブには,一定の評価を与えることができるでしょう.しかし,商業性を高めるユーチューブが,公正で平等なプラットフォームを維持していけるのか,ユーチューブへの一極集中がこのまま進んでよいのかなど,注視すべき点の多いことを忘れてはなりません.

Ⓜ

神田敏晶『YouTube革命』ソフトバンククリエイティブ(ソフトバンク新書),2006年.

ユーチューブ以外の動画共有サイトで面白いと思うものを挙げてみましょう.それらはなぜおもしろいのでしょうか?

10 Twitter

「ツイッター」で何ができるのでしょうか？

　英語で「つぶやく」を意味する「ツイッター（Twitter）」という名のインターネット上のサービスが注目を浴びています．140文字以内の短い文章を投稿して，大勢の人々と共有できるサービスです．鳩山由紀夫首相や原口一博総務相ら政治家も利用を始め，取材記者もそれらをチェックするようになるなど，報道の現場にも影響を与えています．

■ けた外れの伝達力 ────────

　このサービスは米国カリフォルニアで2006年に生まれた当初，個人的なたわいもないやりとりを想定していました．登録を済ませたユーザー（Aさん）は，自分個人のページに表示される「いまなにしてる？（What are you doing?）」の質問に答える形で，「つぶやき」を入力します．すると，Aさんを「フォロー」（「お気に入り」に登録するようなイメージ）しているBさんやCさんにすぐにそのメッセージが伝えられます．BさんやCさんはAさんに返信をしたり，別の人に，Aさんの発言を紹介したりすることができます．おすすめのウェブページや動画へのリンクを「つぶやき」に入れることもできます．

　これだけだと，「Eメールでもできそう」と思われるかもしれませんが，すべてをごく簡単な操作ですぐに行えること，140文字と字数が限られているためにかえって文章の作成に頭をひねらなくてもよいことなどから，やりとりのスピードが飛躍的に高まります．また，人によっては数万人以上に「フォロー」されているわけですから，一度にメッセージが伝わる人数がメールとはけた違いなわけです（ちなみにこの原稿執筆時には，鳩山首相を21万5221人が「フォロー」しています）．

　2010年1月24日付の朝日新聞朝刊は，3人の論者へのインタビューをもとに，ツイッターを特集で伝えています．論者の1人で，イベントや会議などをツイッターを用いて実況中継する，いわゆる「tsudaる」行為の生みの親として知られる津田大介さんは，ツイッターは「伝播力がけた外れに強い」と指摘しています．

■**イラン情勢を世界に伝える**

　ツイッターの社会的影響力を世間に知らしめたのが，2009年6月12日のイラン大統領選挙の後に行われた市民による抗議活動でした．選挙での不正を指摘する改革派市民によるデモ隊と，再選を果たしたアフマディネジャド大統領の支持者や警察との衝突の模様が，携帯電話からツイッターを通じて次々に海外へ伝えられました．また，流血する市民などの生々しい模様を記録した写真や動画がネット上にアップされ，そのアドレスがツイッターを通じて世界的に広がりました．イラン当局が大統領に批判的な報道を規制し，多くのジャーナリストを拘束したため，イラン国内の状況に関する情報が乏しい海外メディアは，ツイッターを情報源にして盛んに報道しました．

　権力の規制や抑圧の網をくぐりぬけ，市民がツイッターを駆使して国際社会に訴えかける取り組みは，2009年4月にモルドバ共和国で起きた共和国議会選挙後の市民による抗議活動のころから，「ツイッター革命」と呼ばれるようになりました．

　これらの状況を反映する形で，2009年11月19日，ツイッターは「いまなにしてる？」という質問を，「What's happening?（いまなにが起こってる？）」に変更しました（日本語版ツイッターでは「いまどうしてる？」と訳しています）．「もはや個人的な情報をやりとりする場という枠を超え，人々が関心を寄せるあらゆる事柄，人，出来事についての情報を共有する場になったからだ」（意訳）とツイッターはその変更理由をブログで説明しています．

　ツイッターへの評価が上昇する一方で，そのスピード感の危うさを指摘する声もあります．先の朝日新聞の特集で，論者の逢坂巌さんは，「瞬間的，反射的な言葉に過度に反応していると，長期的な方向性を打ち出す政治は難しくなり，慌ただしさばかりが増す」と述べています． Ⓜ

　津田大介『Twitter社会論』洋泉社（新書y），2009年．

　ツイッターに欠点があるとすれば，それは何でしょうか？

マクルーハンとメディア

Marshall McLuhan

　マーシャル・マクルーハンは，1911年カナダに生まれました．英文学者でありながら，コミュニケーション理論の研究で世界的に有名な学者です．カナダの大学で学士，および修士学位を取得した後，イギリスのケンブリッジ大学に留学し，12年間ルネサンス英文学を学びました．1942年博士学位を取得します．カナダのトロント大学在職中に，文化および技術研究所 (Center for Culture and Technology) 初代所長を兼任し，そのとき世界的に反響を呼んだ『メディアの理解――人間の拡張』(*Understanding media; The Extension of man*)（右の写真）を著します．

　メディアやマス・コミュニケーションについて学んだ人であれば誰もが1回くらいはその名前を聞いたことがあると思います．彼の名言の1つに「メディアはメッセージである」という言葉があります．

　彼は難しいことを言おうとしたわけではありません．メディアは手段であり，道具であり，メッセージを「伝える」ための器であると考えるのが普通です．しかし，マクルーハンは，メディアそのものがメッセージであると主張するのです．

　メディアは道具であり，手段であることを知らないからではなく，テクノロジーとしてのメディアそのものが実はメッセージより重要であると考えるのです．すなわち，彼はメディアという概念を広くとらえました．人間の身体，感覚器官の機能を拡張するありとあらゆるものは，すべてメディアであると考えます．車は足の拡張であり，文字は視覚の拡張であり，衣類は皮膚の拡張であるから，これらすべては「メディア」であると言うのです．

W. テレンスゴードン（宮澤淳一訳）『マクルーハン』筑摩書房（ちくま学芸文庫），2001年．

マクルーハンのメディアに関する主張の中から，「これは問題あり」と思う主張を1つ取り上げ，その理由を述べてください．

マクルーハンとメディア 23

「ジャーナリズム」とは何なのでしょうか？

　ジャーナリズムは一般的に「新聞・雑誌・ラジオ・テレビなどで時事的な問題の報道・解説・批評などを行う活動．また，その事業・組織」と定義されます．この定義をもっと短くすると，ジャーナリズムとは「マスメディアを使って行う報道活動」であると説明することができます．しかし，報道活動とジャーナリズムは同義語ではありません．

　報道活動とは，記者や編集者などの職業上の活動を指す言葉として使っても，まったく問題ありません．しかし，ジャーナリズムという言葉は，報道活動以外にも多くの意味を含んでいます．それに民主主義社会の維持や発展と関係ある理念も含まれています．

■ジャーナリズムは理念

　「ジャーナリズムの崩壊」という言葉はあっても，「報道活動の崩壊」という言葉はあまり耳にしないのは，ジャーナリズムはある種の理念でもあることを意味します．民主主義を守り，正義を主張し，権力を監視し，必要な場合は権力と戦うんだという，マスメディアのしかるべき理念として使われる場合が多くあります．

　ジャーナリズムをもっと丁寧に定義してみましょう．正確で，公正な情報を伝達して，社会を監視し，そのような情報に対する高い水準の分析，解釈，批判を通じて民主主義社会の正統性の土台になる世論を形成し，私たちのために，日本国民のために，「知る権利」を代行するという使命をもつ「報道活動」，と説明するのが一番模範的な答えでしょう．

　具体的な事柄を交えて考えてみることにしましょう．日本のテレビ番組の中には，一見，ジャーナリズムとは何ら関係のない内容のものもありますね．お笑い芸人が出てきて，「大笑，中笑，小笑」（評価委員の中の何人が笑ってくれるかによって，大中小を決める）を競う番組があります．これは「ジャーナリズム」でしょうか？

　マスメディア事業を行う組織のこと，その組織が行う事業をジャーナリズムと

考えるなら，笑い芸人の番組や占い番組もジャーナリズムの1部分です．ジャーナリズムという概念を広く解釈するとマスメディア組織が行う事業全般を指すこともできます．しかし，マスメディアがやっていることすべてがジャーナリズムなんだと理解すると問題です．

自由な報道活動ができず，ある問題について良心的な，正しい解釈はできず，悪いことを批判できない新聞やテレビ，ラジオのことや，そのような組織がやっていることをジャーナリズムと言えるでしょうか？ 厳密に言うと「ノー」です．

逆に，ジャーナリズムの概念を狭く解釈すると，「時事問題の報道，解釈，批評」である，と言えます．

■ジャーナリズムをやっていないメディアも ─────────

2000年，北朝鮮の金正日総書記が中国訪問を終えて帰国する途中，ヨンサン（龍山）という場所で大きな爆発がありました．この事件は世界中のメディアが報道しましたが，北朝鮮国内のメディアだけは報道していません．北朝鮮ではメディアが時事問題を勝手に報道することも，解釈することも許されません．ですから北朝鮮にはジャーナリズムが存在しないと言うことができます．北朝鮮にも新聞，雑誌，テレビ，ラジオは存在します．つまり，マスメディアとしての「組織」はある．ただ，その組織がジャーナリズムをやってない，その理念を放棄している，使命を果たしていない，ということになります．

ジャーナリズムという概念を理解するためには，「報道」とは何か，ニュースとは何か，民主主義とは何か，輿論（世論）とは何か，などさまざまな概念についても深く考えなければなりませんね．ジャーナリズムとは，狭い意味では時事問題，とりわけニュースを報道し，解釈，批評する活動であり，広くとらえれば，そのような活動を行う組織（新聞，雑誌，テレビ，ラジオなど），そのような事業を指す言葉，と言えます．

原寿雄『ジャーナリズムの可能性』岩波書店（岩波新書），2009年．

公正，客観的とは何か？ 報道活動では公正，客観的という概念はどのように定義しているのでしょうか？

13　MEDIA INFLUENCE

世の中が良くなったり悪くなったりするのは
メディアのせいですか？

　マクルーハンという学者は，よくこんな質問を人々にぶつけたそうです．「魚は自分が水の中にいることを知っているだろうか？」

　彼自身は「知らない」と答えるそうです．魚だから当然知らないだろう，と考えるのではありません．「魚は，水のない世界に出て初めて自分は，水の中で生活していたことが分かる」という理屈を説明するためです．

　何がいいたいのか分かったでしょう．私たちも魚のように，実はメディアという「水」の中に生きている，ということです．普段はあまり感じないかもしれませんが，現代社会にはメディアがあふれていますね．

■メディアにどっぷり浸かっている人間

　国勢調査によれば，平均的な日本人の1日のメディア接触時間は，平均して319分，5時間を超えるそうです．テレビの前にじっと座っている人もいれば，何か別のことをしながらつけたままにしている人もいるかもしれません．車を運転しながら，ラジオを聞いたり，朝食をとりながら新聞を読んだりする人もいることでしょう．待ち合わせをしながら，駅前ビルに掛かっている巨大なテレビ画面に映し出されるニュースに接触しています．これにインターネットまで加わり，生活は画像や音，文字と紙に完全に覆われています．

　このようなメディア空間において，何かをしながらメディアを利用する「ながら接触」に露出されている現代の人間は，本当に水の中の魚のようなものですね．そうでありながらも，マスコミに不平を言い，マスコミを批判し，それを拒否しようとする人さえもいるのはなぜでしょう．

　例えば，子どもがテレビを見ると学力が落ちる．テレビや雑誌，書籍，新聞に登場する暴力や退廃的な内容が，社会を駄目にする．そう思う人もいるからです．とはいえ，マスメディアに批判的な人でも，マスメディアを利用しなければ生活できないのが現代社会です．

　そこで，マスメディア，特にテレビ番組の効果を知るための研究は絶え間なく

行われてきました．テレビに関する膨大な量の研究は，結局，2つのことに注目してきました．第1に，テレビの中の暴力的な描写は視聴者，特に子どもたちに何らかの影響を及ぼしているのではないかという研究，第2に，テレビニュースなど内容は人々にどんな影響を及ぼすのかという研究です．

■なぜ，メディアを研究するのか

テレビと暴力の関係を研究したもので一番有名なのが，ジョージ・ガーブナー（George Gerbner）という米国人研究者らが行った研究と，F. S. アンダーソン（Anderson）の「子供たちの攻撃的な性向に与えるテレビの暴力描写に関する研究の研究」です．このような研究でも結論がはっきり出ているわけではありません．テレビは確かに人々に，特に子どもには何らかの影響を及ぼすだろうという結論です．研究しなくても分かり切った内容ではないかと考える人もいることでしょう．

ニュースに関する研究として有名なのが，1975年1月から6月までの間の英国の3つのチャンネルのニュースを分析したもので，その結果は「悪いニュース（Bad News）」という本にまとめられています．何のためこんな研究をするのでしょう．究極的には報道が世の中を良くするのか悪くするのかが知りたいからです．研究者も一般人も，メディアが私たち人間に害を与える恐れはないか，と心配しているわけですね．水を飲みながらも，その水が体に何らかの害はないかを心配するのと同じことです．

簡単に結論づけるのは非常に難しいですが，報道によって世の中は，良くも悪くも映ります．それが必ず実社会を反映するかと言えば，そうではない場合が多い．例えば，北朝鮮の中央テレビを視聴していると，北朝鮮は地上の楽園であり，人々は何の不満も不自由もなく幸せに暮らしているように映ります．逆に，日本のテレビを見ていると日本という国では悪いことしか起こってないような錯覚に落ちることもあります．つまり，メディアが世の中を悪くしたり，良くしたりするわけではなく，そのように感じるようにすることもあるということです．それくらいメディアは影響力が大きいですね．

CHECK！　立花隆『巨悪VS言論』文藝春秋（文春文庫），2003年．

QUESTION！　私たちは政府よりはメディアを信頼すべきでしょうか？

14 「情報」の大切さを実感できるような事例はありますか？

　私たちが何かの判断をしたり，何かを評価したりする時には，情報がその重要な材料になりますね．当たり前の話ですが，情報は，あるところには必ずあるのです．問題は，その情報がそれを必要としている人々や社会に届けられるかどうかです．情報はマスメディアだけから流れるのではありません．漠然とした話では分かりにくいと思いますので，具体例を挙げて説明しましょう．

■特派員1人の存在感

　ネパールの首都カトマンズから50キロほどのところにパルン村があります．カトマンズで売られる野菜のほとんどはパルン村で生産されたものです．以前は，カトマンズからパルン村へやって来た商人が，野菜をとても安い値段で仕入れていました．自分たちのつくった野菜がカトマンズの市場に並んだとき，いったいいくらで売買されるのか，農民には知る術がありませんでした．「売値が安いからこの値段でしか買えない」という商人の言葉を信じて，法外な安値で売り渡すしかなかったのです．

　そこで農民たちはコミュニティラジオ局をつくり，カトマンズに特派員を1人派遣しました．特派員は毎朝市場に並ぶ野菜の値段をチェックし，ラジオ局へ電話をし，放送を通じて村人へ値段を知らせたのです．それ以降，カトマンズの商人は値段を偽ることができなくなり，パルン村の農家の収入は改善しました．

■災害の中での情報提供

　2006年5月27日，マグニチュード5.7の地震がインドネシアのジャワ島東部を襲い，大津波が5000人以上の死者，30万戸以上の家屋の損壊，という大被害をもたらしました．大手メディアは，被災地を訪問した大統領の姿や，「政府として全力で支援する」との大きなコメントを伝えていました．もちろん被災者を勇気づける効果はあったと思いますが，被災者は同時に，もっと具体的な情報を求めていました．そこで被災地のコミュニティラジオ局は，安否情報はもちろん，それぞれのコミュニティにおける援助物資の提供場所や時間など，きょう，あすを

「情報」の大切さを実感できるような事例はありますか？

生きるために必要な細かい情報を放送したのです．

　被災住民の間には，憶測や情報不足からくる不安が充満していました．「コミュニティはすべてを失ったのに，銀行からのローンの請求は続くのか」，「電気を使う機材はすべて壊れてしまったのに，基本料金の請求がなぜ続くのか」など，被災した住民が求める情報は切実かつ具体的でした．被災コミュニティからのこうした質問は，各地のコミュニティラジオ局から広域無線などを通じてメディア系非政府組織（NGO）の「コンバイン（Combine）」に集約され，コンバインはそのつど行政や企業へ問い合わせを行いました．回答はスタッフがラジオや広域無線を通じて，あるいは直接各地の放送局に出向いて伝え，放送局はそれらを電波や集会を通じて住民に伝えました．「何も知らされず不安で，あす情報を求めてデモをしようと言っていたんです．やっと知ることができてほっとしました」と話す被災者の表情が印象的でした．　　　　　　　　　　　　　　　　　Ⓜ

震災後，ジョグジャカルタ市内のラジオ局で活動する人々＝2006年9月（撮影：松浦哲郎）

CHECK! 松浦さと子・小山帥人編『非営利放送とは何か』ミネルヴァ書房，2008年．

QUESTION! この項で紹介したパルン村の特派員にあなたがなったとします．誰から，どんな誘惑があると思いますか？

15　「新聞」と「新聞紙」は同じことですか？

　現代社会を生きる人であれば，誰も，新聞（正確には「新聞紙」）がどういうものかを知っているでしょう．新聞を定期的に購読していない人であっても，どこかで毎日，新聞を目にするはずです．電車で横に座っている人が新聞を読むのを目撃するかもしれませんし，レストランの入り口で席を空くのを待ちながら，新聞を拾い読みするかもしれませんね．新聞は私たちの生活の至るところで，接することができるし，目にすることができます．でも，新聞とは何かを，正確に定義しようとするのは，そんなに簡単なことではありません．

　新聞と言っても，大きさもさまざま，ページ数もさまざま，種類は数え切れないほど多いですね．スポーツ紙もあれば，業界紙もあります．朝日新聞や読売新聞のような全国紙もあれば，発行部数が数千部しかない大学新聞もあります．生活情報だけを掲載する地域新聞，商品広告やイベント情報だけを掲載するフリーペーパーなど，とにかくさまざまな新聞があります．ですから，新聞とは何かを定義するのは難しいのです．

■新聞紙の5つの要件

　「新聞紙とは文字，あるいは絵や図表，写真を使って情報を提供する印刷物であり，定期的に発行されるが，製本はされていないもの」(Peter M. Sandman) という定義は，それなりに説得力があります．ドイツ人学者のオットー・グロート (Otto Groth) は「真の新聞 (True Newspaper 1937)」という論文の中で，本当に新聞と呼ぶことのできる，新聞にふさわしい要件は5つあると言っています．

①　少なくとも1週間以内の間隔をもって定期的に発行しなければならない．
②　機械的な方法で複製しなければならない．手書き新聞は，新聞ではない．
③　買って読もうとするときいつでも買えるものでなければならない．
④　内容は，少数の人々のため，あるいは特定の集団が関心をもつものではなく，不特定多数の大衆が関心を持つものであり，しかも多様な内容をタイムリーに報じるものでなければならない．

⑤ 1回，2回だけ発行されるのではなく，持続的に発行されるものでなければならない．

■大学新聞は新聞か

　この5つの要件を物差しとして，周りのさまざまな新聞を見てみましょう．大学で発行する「○○大学新聞」は，上記の第4の要件に引っかかりますね．不特定多数の大衆に読んでもらうという目的でつくられるものではなく，特定の集団，すなわち「○○大学」の学生や教職員のためつくられるからです．

　米国の伝統ある大学新聞の中には，地元の住民や，その周辺地域の人々に広く読まれ，内容も時事問題はもちろんのこと，政治，経済，娯楽に至るまで幅広い内容を取り扱っているものがあります．毎日発行されるものもありますから，大学新聞は新聞ではないと一概に言い切ることもできません．

　新聞に関する定義や要件は，時代によって少しずつ変わってきているのも事実です．新聞の歴史をさかのぼっていきますと，上記5つの条件を全部満たしていない有名な「新聞紙」はいくらでもあります．

　新聞は生まれてすぐ，今のような立派な形を備えていたわけではありません．技術的な問題もあって，毎日発行する日刊紙をつくるのは大変でした．日本でも1週間以内の間隔で発行される新聞，すなわち日刊紙が盛んに発行されるようになるのは，19世紀終わりごろからです．　　　　　　　　　　　　　　　　　Ⓡ

CHECK！　浜田純一・桂敬一・田島泰彦編『新聞学』（新訂）日本評論社，2009年．

QUESTION！　新聞報道は，他のメディアの報道とどう違うのでしょうか？　事例をあげ，説明しましょう．

新聞ができたのはいつごろのことですか？ ①

　新聞の起源については，どういう形態のものを新聞と呼ぶのかにもよります．ローマ帝国（紀元前27年 -）時代に元老院の議決事項や軍隊の動静，祭に関する報告事項を石膏版に書いて，市民たちに告知した掲示板のようなもの（Acta Senatus および Acta Diurna Populi Romani）を新聞の始まりと考える学者もいますから，おおよそ2000年前に新聞らしきものがつくられたと言えるでしょう．アジアでは，中国が紀元前6年に「邸報」と呼ばれる新聞をつくりました．新聞の歴史はおおよそ2000年と言えます．

■中国の「邸報」とローマのアクターセナチュース

　中国でつくられた邸報は，ローマ帝国のアクターセナチュース（Acta Senatus）より，今の新聞により近いものでした．邸報（邸報の「邸」は，地方の諸侯たちが首都に置いてあった連絡事務所を指す言葉）がつくられたのは中国漢の時代です．漢王朝は各地方との意思疎通を円滑にするため，命令（詔令），章奏などを手書きで必要なだけ写して，各地方の王（諸侯）たちに配布しました．それが「邸報」でした．

　邸報は，その後地方の王様だけでなく，支配層全体に広く配布されるようになりました．つまり，この時から邸報は近代的な新聞とほとんど変わりはなかったとも言えます．

　しかし，新聞は，中国でそのまま順調に近代的な新聞へと発達したわけではなく，ヨーロッパで生成，発達します．

■商人たちの情報を伝える

　1096年に十字軍戦争が勃発すると，軍需品を供給するために商人たちが商業情報を交換する書簡形式の情報伝達手段を発明します．それを当時では「Novela」すなわち「News」と呼んでいました．この商業情報は，各地の店舗が広

く共有することとなります．その後徐々に一般人にも配布されるようになり，14世紀になると「新聞」のような形態に発展します．これを当時では，アビシー（Avvisi）と呼んでいました．

　このアビシーを多くの人が求めるようになると，今度は「新聞」を複写（筆写）して販売する職業人が現れ，「新聞」は広く配布されるようになります．このような筆写新聞がもっとも盛んになったのはイギリスだったと言われています．　R

中国・江蘇省鎮江市で発見された明時代の「邸報」
(同市のHPから)

CHECK! 天野勝文・橋場義之編著『新　現場からみた新聞学』学文社，2008年．

QUESTION! 新聞とジャーナリズムとはどんな関係にあるのでしょうか？

17 　　　　　　　　　　　　　　　　　　NEWSPAPER BIRTH

新聞ができたのはいつごろのことですか？ ②

■ベネチア発祥の「ガゼット」─────────

　1449年になるとヨーロッパ，特にイギリス，フランスにおいて筆写新聞は一つの職業，企業として定着し始めます．本格的にそれが大規模で，不特定多数に販売されるのは1536年，イタリアのベニスでした．「ガゼット（Gazette）」という新聞です．

　「ガゼット」がその後，ほとんどの新聞の紙名に使われるようになったことからも分かるように，内容や形式においてほとんど近代的な新聞と変わらないものでした．

　13世紀より16世紀までの間にヨーロッパでは筆写新聞がはやりましたが，一方では，新聞界に大きな変化が訪れます．1438年，ヨハネス・グーテンベルク（Johannes Gutenberg）によって活版印刷技術が発明されると，それまで筆写新聞をつくって販売していた業者たちは，筆写新聞の中から，面白そうなニュースだけを選んで印刷，発行するようになりました．そのようにして印刷新聞は15世紀末ドイツで発行されます．それが「フルックブラット（Flug-blatt）」です．この印刷物をドイツの人たちは，ノウエ・ツァイトン（Neue Zeitung）と呼んだそうです．ただ，この時代の新聞はすべて不定期的に発行されていましたから，厳密にいうと新聞の要件を満たしていませんでした．

■近代新聞の誕生─────────

　その後16世紀に入ってから印刷技術も改良され，大量印刷を可能にします．東西交流が頻繁になるにつれニュースに対する需要も増え，新聞を定期的に発行する業者が現れるようになりました．

　定期新聞といっても，初期のものはほとんど月に1回（月刊），あるいは3カ月に1回と間隔が長いものばかりでした．が，1566年ドイツで最初の週刊新聞「レラチオン（Relation）」が発行され，17世紀末頃に近代的な郵便制度が確立され，新聞を毎日届けられるようになると，ヨーロッパ各地では日刊紙が発行されるよ

うになります.

　その中でもドイツが先頭に立っていました．17世紀末頃より，18世紀末までの間にヨーロッパで創刊されて日刊紙の中には，1785年にイギリスで創刊された「ザ・タイムズ（The Times）」のような新聞もありました．

　「ザ・タイムズ」は，創刊当初より不偏不党を標榜して，新聞の力をみせつけ，有名になります．それは近代新聞の誕生を告げるものでもありました．

英紙「ザ・タイムズ」のウェブサイト "Times Online"

CHECK! 英紙「ザ・タイムズ」のウェブサイト http://www.timesonline.co.uk/tol/news/

QUESTION! 新聞記事と雑誌記事の違いは何でしょうか？

18 FIRST NEWSPAPER IN JAPAN

日本で初めて新聞がつくられたのはいつですか？

「日本にはじめて新聞があらわれたのは幕末のことである．もっとも新聞類似物はそれ以前にも存在していた．一番有名なのは読売瓦版で，これはドイツのフルックブラットに似た一枚刷りの印刷物で現存最古の瓦版（かわらばん）は一六一五年の大坂安部之合戦を描いたものである」（春原昭彦『日本新聞通史』（4訂版）新泉社，2003年，7頁）．

春原によると，1861年，新聞という言葉を題号につけた「官版バタヒヤ新聞」が江戸で発行されました．この新聞は「官版」，すなわち幕府が作った新聞でした．オランダ政庁が幕府に献上した新聞を翻訳，編集したもので，諸外国のニュースを掲載していました．後にこの新聞は「官版海外新聞」と題して発行されます．内容は海外の話題が中心でした．

■日本初の民間新聞 ─────────

その後，長崎や横浜で英字新聞が発行され，1865年には日本初の民間新聞，「海外新聞」が横浜において発行されます．内容や形式の面で本当に新聞らしい新聞ができたのは1867年です．

この年は明治元年にあたります．日本が大きく変化を遂げようとする年でもありました．柳河春三が創刊した中外新聞は，当時約1500人の読者がいるほど人気がありました．ところが，官軍が江戸に入ると，新聞の私刊禁止を布告すると同時に，江戸の全新聞紙の版木などを没収，発行禁止を命じます．そこで，中外新聞を含め創刊したばかりの他の民間新聞も一旦姿を消します．

1869年に明治政府は，新聞紙印行条例を発表します．それにより中外新聞など発行停止となっていた新聞が再刊します．その翌年の1870年12月8日（新暦では1871年1月），日本初の日刊新聞である横浜毎日新聞の第1号が発行されます．

「活版を使用した，西洋紙一枚刷りのこの新聞こそ，われわれが現在見る新聞にもっとも近いもの」（春原，23頁）でした．つまり，日本初となる本当の意味での近代的な新聞は，西暦で言えば1871年1月につくられた横浜毎日新聞です．

■ **東京初の日刊新聞**

　東京で日刊紙が発行されるのは，それから1年後の1872年です．毎日新聞の前身である東京日日新聞が2月21日に創刊されました．その2年後の1874年11月2日,「俗談平話」を編集方針とする讀賣新聞（読売新聞）が創刊されます．この新聞は編集方針でも明らかにしているとおり，人々の間で話題になっている話や，おもしろい話を拾って記事にする文学新聞でした．発行されてからたちまち日本最大の発行部数を誇る新聞となります．

　朝日新聞は読売新聞から4年あまり遅れて，1879年1月，大阪で創刊されます．この時期，地方新聞が次々と創刊されます．朝日も大阪で発行された点では，最初は地方新聞だったわけです．地方で日刊紙を発行するのは経営的に非常に苦しかったらしく，山形新聞は日刊新聞を発行し始めて12日目に紙がなくなり，黄色い唐紙に記事を印刷しました．13日目には社告を出してすぐ休刊せざるを得ないありさまだったようです．大阪の朝日新聞も最初は経営的に非常に難しい状況にあったと言えます．

　この時期の有名な新聞には他に，福沢諭吉が創刊した時事新報（1882年3月1日創刊）や朝野新聞（1879年）などがありました．現在に至るまで発行を続け，未だに新聞界において中核的な役割を担う新聞は，やはり毎日新聞，読売新聞，朝日新聞の3紙です．これら新聞はすべて明治初期，すなわち，1872年から1879年までの間に創刊されます．日本の近代新聞の歴史はすでに130年を経過していることになりますね．

　　　　　　　　　　　　　　　　　　　　　　　　　　　　　　　　Ⓡ

春原昭彦『日本新聞通史』（4訂版）新泉社，2003年．

アジアで日本が一番早く日刊新聞を発行できたのはなぜでしょうか？

19 POLITICAL COMMITMENT OF NEWSPAPER

新聞が特定の政党を支持するのは いけないことですか？

　インターネット上で朝日新聞社のコーポレートサイトを開いてみてください．一番に目に入るのが「朝日新聞綱領」を書いた水色の紙面です．綱領は，全部で4項，たった9行になっていますが，全文は，「不偏不党の地にたって言論の自由を貫き……」に始まります．

　「不偏不党」とは，どういう意味でしょう．なんとなく中立的な立場をとるという意味ではないか，すなわち，新聞は，誰かを支持するとか，どの政党を支持するとか，とはっきり表明しない主義なんだ，と理解する人も多いことでしょう．

　ところが，実はそうではありません．「不偏不党」とは，中間の立場にたって当たり障りのない主張をするという意味ではありません．

■中立は保つけれど，強く主張することもある

　辞書を開きますと，不偏不党とは，「いずれの主義・党派などにもくみしないこと．公平・中正の立場をとること」(広辞苑)とありますが，中間の立場にたって，支持するとか，反対するとかという態度を表明しないという意味ではありません．例えば，時には，政党を批判し，時には政党の姿勢を擁護することもある．ならば，中立ではないのではないか，という人もいるかもしれませんが，政党の立場とか主義に「くみして」このような立場をとるのではなく，正しいことは正しいとはっきり言う．すなわち，是々非々でものを言い，ジャーナリズムの原則に徹することが，「不偏不党」です．朝日新聞に限らず，日本の新聞のほとんどが創刊当初より一応「不偏不党」を標榜していましたが，戦前は非常に難しいことでもありました．

■米騒動が契機に

　そのような新聞社の姿勢が，考えを世間一般に広く知れ渡るようになったのは，ある事件が契機でした．1918年8月，日本では，「米騒動」という大事件が起こります．その背景には，第1次世界大戦後，工業化が進み，農業を営んでいた地方の人々の都市部への移動が急激に増え，農業が打撃を受けたことに加え，米の

輸入量も減少したので米価が暴騰し，それに怒った一般市民が騒動を起こしました．米価が急騰している中，当時の日本政府（寺内内閣）は，シベリア出兵（軍を派遣）を宣言します．そのような騒動が続き，一般市民の不安をあおるような記事を新聞は連日書きたてました．危機感を募った政府は，厳しい報道規制に乗り出します．それに反発して，大阪朝日新聞は空白の紙面を出し，関西では寺内内閣を弾劾する新聞記者大会が開かれました．

その渦中に朝日新聞に「白虹を貫けり（＝中国古典では革命の前兆を示すという意味，悪い予兆を示す）」という表現が混じった記事が載り，新聞紙法違反に当たるとして起訴されます．当時，大阪朝日には，長谷川如是閑，大山郁夫ら新聞言論界の指導的役割をになっていた人物がいました．検事は関係者の処罰とともに，大阪朝日の発売禁止を求めたのです．これを境に次第に大阪朝日は言論の抑圧を受けるようになるのです．

社長や編集局長ら幹部も辞任しました．そして11月15日「本社の声明」と題する社告を掲載して謝罪，中立を守ることを宣言するのです．ですから，この時代に標榜していた「不偏不党」は，党派や主義主張に「くみ」せず，自己の主張を貫くという意味よりは，当たり障りのない紙面づくりを意味したと思います．

戦後，「不偏不党」は，メディアが政党や政府の力に左右されることなく，独立性を守る，という意味で使われてきたことは言うまでもありません．つまり，日本の新聞は特定政党を支持してはいけないのではなく，独自性を保つため党派にも偏らず，自分の主張を貫くことを理想としていると言えるのかもしれません．

Ⓝ

田村紀雄〔ほか〕『現代ジャーナリズムを学ぶ人のために』世界思想社，2004年．

日本の大手新聞は，それぞれ支持政党があると思いますか？

20 新聞にはどのような種類があるのでしょうか？

　一般の人たちに「新聞についてどのような印象を持っているのか？」を複数回答で尋ねたところ，最も多かったのは「社会に対する影響力がある」(61%) という答えでした．「情報源として欠かせない」(54%)，「知的である」(51%)，「地域や地元のことがよくわかる」(50%) と続きます．これに対して，民放のテレビに対する印象は「楽しい」(64%)，「親しみやすい」(62%) が上位に来ています（日本新聞協会「データブック日本の新聞 2009」）．

　このようなイメージを持たれている新聞ですが，国内で発行されているものには，どのような種類があるのでしょうか？

■一般紙とスポーツ紙

　まず情報内容によって分類することができます．「一般紙」は，政治，社会，経済，国際，科学，文化，スポーツなど，幅広い分野をカバーする新聞です．世界一の発行部数を誇る読売新聞などがあります．また，「スポーツ紙」は，野球やサッカーなどのプロ・スポーツを中心に芸能や娯楽もカバーする新聞を指します．駅のキオスクなどで見かける，日刊スポーツやスポーツ・ニッポンなど．このほか「専門紙・業界紙」は，経済や金融など特定の情報や業界のニュースを集めた新聞です．

　発行部数をみると，一般紙もスポーツ紙も減少傾向にあります．特にスポーツ紙の落ち込みが目立っています．両者を併せた新聞総発行部数は 5149 万部で，このうち 90% 以上を一般紙が占めています．

	1998 年	2008 年	（単位：千部）
一般紙　合計	47,289	46,563	▲ 1.5%
スポーツ紙 合計	6,380	4,927	▲ 24.3%

日本新聞協会「データブック日本の新聞 2009」より．

　少し新聞産業の歴史をさかのぼってみると，新聞が東京と地方で同時に印刷，発行できるようになったのは 1960 年代に入ってからです．全体の発行部数は

1966年に3000万部，1974年に4000万部，1988年に5000万部をそれぞれ突破しました．ところが，1997年をピークに減少へ転じます．バブル経済の崩壊以降続く景気の低迷や，インターネットや携帯電話の普及が影響しているとみられます．

■**全国紙と地方紙**

　一般紙は発行エリア別にさらに分類することができます．まず，47都道府県に販売網を持つのが「全国紙」です．規模の順に，読売新聞，朝日新聞，毎日新聞，日本経済新聞，産経新聞の5紙があります．

　「全国紙」以外が「地方紙」です．つまり，一定の地域で販売されている新聞です．このうち，販売エリアが複数の県にまたがるような大きめの地方紙が「ブロック紙」で，北海道新聞（本社：札幌市），中日新聞（名古屋市），西日本新聞（福岡市）の3紙があります．

　これらの3紙以外で，主に都府県内全域をカバーするのが「県紙」，さらに狭い範囲で販売されている新聞が「地域紙」です．県紙は歴史的に，1府県に1紙という例が多いものの，福島県や沖縄県では2紙が併存しています．

　全国紙は大都市圏での普及率が高いのが特徴です．しかし，地方では状況が逆転します．愛知県では約3分の2の世帯が中日新聞を購読しています．さらに，北國新聞（石川県），徳島新聞，高知新聞などは県内のシェアが8割を超えています．残りを全国紙の5紙が分けていると考えると，地元紙が圧倒的に強いことが浮き彫りになります．

　主要な日刊紙の発行部数は次の通りです（ABC協会，2009年10月）．

読売新聞	1001万部	日本経済新聞	305万部
朝日新聞	802万部	産経新聞	170万部
毎日新聞	377万部	北海道新聞	117万部
東京中日新聞	327万部	西日本新聞	83万部

CHECK! 藤竹暁編著『図説　日本のマスメディア』（第二版）日本放送出版協会（NHKブックス），2005年．

QUESTION! 同じ日の全国紙と地方紙の1面はなぜ違うのでしょうか？

21　NEWS AGENCY

通信社は何をしているのでしょうか？

　「通信社」と聞いて思い浮かぶイメージは，携帯電話や無線LANといったものかもしれません．でも，マスメディアの「通信社」は，携帯電話会社ではありません．

　新聞社や放送局など他のマスメディアに，ニュースや経済・金融情報などを配信する組織を「通信社」と呼んでいます．基本的には自前の媒体（メディア）は持っていません．それが通信社の最大の特色と言えるでしょう．

　新聞社の記者であれば，自分が書いた記事が当日の夕刊，あるいは次の日の朝刊のどの面に，どのような大きさで掲載されるかがわかります．テレビ局の記者は，事件や事故の現場から生でレポートすることもあります．自分のしゃべっている声がオンエアされるわけです．

　ところが，通信社の記者は事情が異なります．書いた時点で，自分の記事が新聞社やテレビ局に配信されることまでは分かります．しかし，どの新聞社が自分の記事を掲載してくれるかは分かりません．なぜなら，配信を受けた新聞社やテレビ局が，使うかどうかを判断するからです．実は書いて，配信されたものの，ほとんど採用されなかった，最悪の場合は，まったく掲載されないこともあります．

　取材後はこんなことが起こります．新聞社の記者は取材した相手に，自らの記事をすぐに見せることができます．取材相手が目を通して，どんな反応が返ってくるのか．結構緊張するものです．その一方，通信社の記者は自分が書いた記事を，すぐに取材先に見せることができません．自前のメディアを持っていない通信社の悲しさです．

■地方紙と通信社の密な関係

　とはいえ，読者・視聴者に伝えられるニュースの中には，通信社から配信されたものがたくさん含まれています．なぜ通信社が必要とされるのか．一番の理由は，取材の効率化です．全国さらには全世界に，まんべんなく取材できる態勢を

整えておくことは，一つのマスメディアにとっては大変な負担です．そこで，足らない部分は通信社に補ってもらっているのです．

例えば，北海道新聞は道内のことは自らが取材して，記事を書く．愛知県内やインドネシアでの関連記事は，共同通信が配信したものでカバーする．両者を組み合わせて紙面を構成すれば，読者の関心に応えることができるでしょう．

実は，地方紙の記事の約5-7割は，通信社からの記事が占めていると言われています．通信社と地方紙は"運命共同体"と言ってもよい，切っても切れない関係にあるのです．

■携帯電話や電車内モニターにも進出

日本には戦前，国策通信社として同盟通信があり，戦後すぐに，共同通信と時事通信に分かれました．どちらも全国規模の取材網を敷いています．大きな違いは組織形態です．共同通信は各新聞社や放送局から毎年決まった契約金をもらい，運営する社団法人です．これに対し，時事通信は主に経済・金融情報を一般企業に配信したり，行政ニュースを官庁や自治体に流したりすることで利益を追求する株式会社です．時事通信は最近では，携帯電話の文字ニュースや，電車内のモニターから流れる動画ニュースなどに進出しています．

世界的な通信社の誕生は，19世紀半ばにさかのぼります．米国のAP，英国のロイター，フランスのアバス（AFPの前身）が，国際的な大通信社に発展していきました．それぞれの地域や国でも通信社が生まれました．発展途上国の多くには，国営の通信社があります．アジアでは新華社通信（中国），朝鮮中央通信（北朝鮮）などの名前を耳にすることが多いでしょう．

CHECK! 共同通信と加盟する全国の新聞社のニュースを束ねた総合サイト「47（よんなな）NEWS」http://www.47news.jp/

QUESTION! 地方紙の1面・社会面で，通信社の記事を見つけてみよう．地方紙の記者が書いた記事との区別がつきますか？

22 MAGAZINE

雑誌がつくられるようになったのはいつですか？

「マガジン」は雑誌を意味する外来語．英語のmagazineが語源になっているのは誰もが知っていますね．しかし，その言葉は「倉庫（storehouse）」に由来することは，あまり知られていません．雑誌は，倉庫のようにいろんなものを詰め込むからだともいわれます．詩もあれば随筆もあり，フィクションもあればノンフィクションもある．批評や漫画，クイズ，占いなど，とにかくありとあらゆるジャンルの雑多に盛り込まれるわけですね．

■マガジンとは商店という意味？

マガジンという言葉は，フランス語の「商店」という意味のマガシン（magasin）に由来しています．フランスに雑誌が現れ始めた18世紀初めごろから，本を作って売っていた商人たちが，自分たちが保有する書籍の目録を作って顧客たちに配布したのが始まりで，後にその目録を書籍商の「商店」を意味するマガシンと呼んだそうです．

それはともかく，英語で雑誌を意味するマガジンという言葉が広く使われるようになったのは，1731年イギリスで創刊された雑誌「ジェントルメンズ・マガジン（Gentleman's Magazine）」からです．（Roland E. Wolseley）

マガジンを誰が漢字で「雑誌」と翻訳したのかは記録に残っていません．1862年，中国で発行を始める「中外雑誌」や，1867年日本で柳河春三（天保3-明治3年）が創刊した日本発初の雑誌「西洋雑誌」が，初めて「雑誌」という言葉を使ったと言われます．

雑誌とは，「一般大衆を対象に記事，小説，詩，写真など雑多な内容，あるいは特定の趣味，関心，職業をもつ集団，または特定の年齢集団を対象に，特定の内容を含む雑多な記事を掲載する定期刊行物」（Roland E. Wolseley）という定義が一番，説得力があると思います．

■雑誌と新聞はどう違う？

19世紀に創刊，発行された新聞の中には，それが雑誌なのか，新聞なのか見分

けのつかないものも多くありました．例えば，1881年に日本の商人たちが朝鮮釜山において「朝鮮新報」(在釜山港商法会議所発行)という新聞を発行しました．この新聞はＡ４サイズ版型の10ページのものでした．1ページにわずか455文字(35字×13行)の一見，書籍のようなものでした．しかし，10日に1回発行される旬刊であったこと，もっぱら時事問題や物価に関する記事を掲載していたこと，新聞と同じく10ページを綴じずに配布したこと，題号が当時新聞題号によく使われる「新報」をつけていることなどから，朝鮮初の新聞と言われています．

ただし，「朝鮮新報」は雑誌としての特徴も多分にもっており，雑誌ではないと完全に否定することもできません．この刊行物は，当時では新聞として発行されたもので，朝鮮初の刊行物であったというところに意味がありました．

では，雑誌と新聞の差はどこにあるのか？　今では，形をみてすぐ見分けがつきますが，内容においては混乱する場合もありますね．雑誌も新聞と同じく，スピーディに時事問題を取り扱うからです．

それでもあえて雑誌と新聞の相違点を指摘するなら，

① 雑誌は新聞より発行間隔が長い
② 雑誌は表紙があり，製本する
③ 新聞は日々の時事問題，事件，情報を伝達するのに対し，雑誌には，多様な問題を幅広く，深く掘り下げる内容が多い
④ 雑誌は，新聞より読者層を絞りこむ傾向が強い

などの特徴を挙げることができるでしょう．

元木昌彦『週刊誌は死なず』朝日新聞出版（朝日新書），2009年．

週刊誌の報道ではタブー（触れてはいけない内容）はないでしょうか？

23 「市民メディア」はどんな活動をしているのですか？

　私たち市民が参加するメディアを，日本では一般に「市民メディア」と呼んでいます．新聞や雑誌，テレビ番組やラジオ番組は，通常「プロ」がつくっていますね．みなさんがつくった番組を放送局に持って行って，「これ流してください」と頼んでも，そう簡単には流してくれません．プロは音や画像の「質」を大事にしますから，「素人がつくった質の悪いものなんて流せないよ」となるわけです．

　でも，技術的な「質」がちょっと足りなくても，1人ひとりの大切な思いや鋭い視点がつまった作品なら，中身の「質」は決してプロには劣りませんよね．そのような作品をつくったり，流したりしているのが市民メディアです．

■環境，人権，労働……多様なテーマ

　海外と比べると，日本はこの分野では「開発途上国」といえるかもしれません．それでも各地で，雑誌，映像，ラジオ，インターネットなどの手段を用いた発信が行われています．例えば，北海道の平取町には，日本の先住民族アイヌが放送するミニFM局，「FMピパウシ」があります．アイヌ語と日本語で放送をしています．ミニFMですから聞こえる範囲は狭いのですが，番組音声をインターネットにもアップしているので，世界中で番組を聞くこともできます．実際に海外から感想のメールが届いたこともあるそうです．

　また，大阪を中心に活動する「てれれ」もユニークです．環境，人権，労働など，多様なテーマで市民が制作した映像を，近畿地方各地のカフェで上映しています．映像を制作した人と一緒に，お茶を飲みながら作品を鑑賞して，意見や感想を交換するのです．「この作品をなぜつくろうと思ったのですか？」とか，「一番苦労したところはどこですか？」など，上映会の参加者からたくさん質問が上がります．やはり食べ物，飲み物があると話が弾みますね．「てれれ」の作品は，DVDやインターネットでも見ることができます．

■報道する市民メディア

　東京にある「Our-Planet TV」は，インターネット上の放送局で，社会的な問

題や課題をテーマとしたドキュメンタリー番組や報道番組を数多く制作しています。また、「シンポジウム：検察とメディア、そして市民社会」といった、社会的には重要でも、大きい放送局はなかなかカバーしない集会や記者会見などを扱います。インターネット上で中継することも多く、市民にとって貴重な情報源となっています。市民を対象にした映像制作ワークショップの開催、機材の貸出し、交流の場（カフェ等）の提供など、メディアセンターとしての活動も盛んです。

　市民メディアと位置づけられる活動の数は、増加の一途をたどっています。　M

カフェで映像上映を楽しむ人々（提供：てれれ）

松本恭幸『市民メディアの挑戦』リベルタ出版，2009年．

あなたが住む町には、市民メディアがあるでしょうか？

24 「市民メディア」は昔からあるのですか？

　1950年代以降，公害をはじめ，さまざまな社会問題が深刻になる中で，多くの市民活動グループは，自分たちの活動の様子や考えを，紙に刷って人々に伝えました．もしそのような取り組みも含めるとすると，「市民メディア」はなかなかの長い歴史を持つことになりますね．私たちがあまり知らないような小さな活動も含めれば，もっともっと歴史はさかのぼるかもしれません．ただ，実際に「市民メディア」という言葉がいろいろな場面で使われるようになったのは，21世紀に入ったころからです．

■技術革新が後押し

　この本を読んでいるみなさんは，「パスポートサイズ」という有名なキャッチフレーズを聞いたことがあるでしょうか？　これはソニーが1989年に発売を開始した小型ビデオカメラのコマーシャルで使われていたフレーズです．手のひらの上に載るほどの小さなカメラで，かなり綺麗な画質で映像を撮ることができるようになりました．ビデオカメラを片手に観光地を周る人々を目にすることも多くなりました．

　それまでメディア機材はどれも高価で，とても市民の手には届きませんでした．しかし1980年代以降の技術革新によって，機材もずいぶんと安くなりました．プロだけでなく市民でもメディア機材を手に入れ，作品をつくることが比較的容易になりました．そして1990年代にインターネットが普及すると，作品をネット上に公開して，多くの人々に見てもらうことが可能となり，市民メディアが一気に盛んになっていったのです．

■交流の歴史

　日頃からさまざまな市民メディアの活動に取り組んでいる人々や，研究者，学生が全国から一堂に会する集会が，2004年に名古屋で初めて開かれました．その後，ほぼ年に一度，場所を変えて開催されています（2005年以降「市民メディア全国交流集会」という呼称で定着しています）．2009年には東京で開催され，延べ約1000人

が参加しました．

　ユニークな内容の分科会も開かれました．「商店街でメディアをやろう！」，「徹底討論！『貧困の報道』と『報道の貧困』」，「ジェンダーとメディア『命綱としての携帯電話』」など，興味深いテーマが並びました．交流集会は，市民メディアに関わる人々の重要な交流の場，学びの場となっています．

　また2009年の東京集会では，民主党の内藤正光総務副大臣を招いて，市民参加型のメディア政策をいかに実現していくか，という議論も行いました．市民メディアがより成長するには，そのための法律が必要だ，と考える人々が増えています．日本の市民メディアが次の新たな段階に入りつつあることを感じさせます．

「市民メディア全国交流集会」のセッション．中央左が内藤正光総務副大臣
＝2009年9月（撮影：松浦哲郎）

「市民メディア全国交流集会」ウェブサイト　http://medifes.net/

市民メディアの存在をもっと多くの人々に知らせるには，どうしたらよいと思いますか？

25

「市民メディア」か，そうではないか，どうやって決めるのですか？

「市民メディア」と聞いて，すぐにピンと来る人は，なかなかいないかもしれませんね．それもそのはずです．実は市民メディア全国交流集会に毎年のように参加をしている人々でさえ，「市民メディアとは……です」なんて，はっきりと言えないのですから．「市民メディア判定委員会」みたいな組織があって，「はい，あなたたちは立派な市民メディアです」と判定してくれるわけではないのです．

■「市民」とは何か？

日本では市民メディアという言葉が使われ始めてからそれほど時間がたっていません．ですから，さまざまなグループが，それぞれの意味で使っています．何かはっきりとした定義があるわけではないのです．ある人は「社会性がなければ市民メディアではない」と言います．「社会性」とは難しい言葉ですが，簡単に言えば「社会を良くしたいという気持ち」のことです．つまり，個人の趣味や楽しみで行うようなメディアは市民メディアに値しない，という意見です．またある人は「市民が楽しんでメディアを使っているなら，それは十分に市民メディアだ」と主張します．

もちろん市民メディアの定義を行おうという試みはあります．ただ，市民メディアを実践している人々や研究している人々が，一致して納得する定義は，未だに現れていません．これからもなかなか出てこないのではないでしょうか．実は，日本では「市民」という用語自体，どんな意味なのか，多くの人々の共通理解がまだないのです．市民メディアの基準がはっきりしないのも当然ですね．ともかく現在の日本の市民メディアは，「十人十色のメディア」と言われることもあり，それが現状をとてもよく反映した表現だと思います．

■メディアに社会性は必要？

必ずしも社会を良くしよう，という信念を持ってメディア活動を行う必要はないと，筆者は考えています．社会性のあるメディアが「偉い」，自分の趣味についてだけ語るメディアは「劣っている」，とは思わないのです．ある市民メディアの

集まりで，「なぜあなたはラジオ番組の制作を続けているのですか？」と聞かれた女性が，満面の笑みをたたえながら「だって，しゃべったらスッキリするじゃないですか」と答えたのが印象に残っています．

　楽しいことは大事だと思いませんか？　市営プールや，町営テニスコートが身近にあります．これは住民の健康増進を図るために，税金を使って運営されています．もしメディアで発信することで，日頃のストレスが解消するなら，それは立派な健康増進策の1つだと思うのです．海外では実際に，日本の厚生労働省や地方自治体の福祉課のような部署が，住民のメディア活動に対して支援を行っている例もあります．

　楽しみの中から重要なことに気づき，問題意識が深まって行くこともありますね．楽しいことは，活動の持続可能性を高める上でも大切な要素です．間口を広く構えて，多くの人に，発信の面白さを知ってもらうことで，市民メディアの裾野も，そして奥行きも広がっていくと思います．日本では，個人よりも組織の理論の方が優先されて，個人が思った通りに発言したり，批評したりすることはなかなか難しいですよね．だからこそ，気軽に発信できるメディアの存在が大切です．

　個人のストレス解消のためには何を発信しても構わない，というわけではありません．特にここ数年，社会問題化している，インターネット上でのいじめや，誹謗中傷に対する取り組みは必要でしょう．でも，その対策が，市民の自由な発言に規制の網をバサッと掛けてしまうという安直なやり方ではいけません．自由に意見を出し合い，お互いを尊重することのできない社会の雰囲気こそが，インターネット上にそのはけ口を求める動きを加速させているのではないでしょうか．

はじめてのラジオ番組づくりに取り組む学生たち＝2009年11月（提供：甲賀市国際交流協会）

CHECK!　「OurPlanet-TV」ウェブサイト　http://www.ourplanet-tv.org/

QUESTION!　ラジオ局で番組を放送すると仮定しましょう．番組内容によって相手を傷つけないために，どんなことに気をつけますか？

26 ALTERNATIVE MEDIA

オルタナティブ・メディアとはどんなメディアなのでしょうか？

　オルタナティブ・メディア（Alternative Media）は「もう1つのメディア」とも呼ばれます。マスメディアとは異なる視点から取材や報道を行おうとするメディアです。オルタナティブ・メディアは，市民メディアと比べて，より社会のマイノリティ（少数者）の意見や視点を大切にしようとするメディアだ，と言う人もいます。その一方で，まったく同じ意味で2つの言葉を使っている人もいます。いずれにしても，2つがはっきりと分かれているわけではなく，かなりの部分は重なっていると考えてよいでしょう。ここではそれらのメディアとマスメディアとの関係を考えていきましょう。

■マスメディアは「中辛メディア」?

　マスメディアは，限られた紙面や時間枠で，できるだけ多くの読者や視聴者を獲得しようとします。その結果，どうしても最大公約数的な内容や編成になってしまいがちです。身近な例で説明してみましょう。

　カレーライスをつくろうとしたら，カレーのルーがないことに気づいて，あわててコンビニエンスストアに走ったという経験はありませんか？　もしなければ，今度コンビニに行く時に注目してください。コンビニで売られているルーは，ほとんどの場合「中辛」のはずです。もし「甘口」しかなかったら，「辛口」が好きな人には隔たりが大きすぎます。その逆も然りです。「中辛」なら，ほとんどの人が，まあまあ許容範囲，となるわけです。「中辛」だけなのがマスメディアだと思ってください。

　ただ，カレーのルーは，大型スーパーや専門店に行けば，「甘口」「中辛」「辛口」だけでなく，ありとあらゆる種類が手に入ります。選択肢があるわけです。しかしメディアの場合はそうは行きません。マスメディアという仕組みにおいては，放っておけば，どんどん「中辛化」が進みます。社会のマイノリティや周縁化された人々の視点や主張は，報道内容に反映されなくなるのです。

　「権力」は通常，多数派を形成します。ですから，権力への批判や権力のチェッ

クを担うのは少数派であることが多く，その主張や視点を伝え，市民に選択肢を与えるメディアが極めて重要になります．それがオルタナティブ・メディアです．

■協働の必要性と可能性 ─────────

　オルタナティブ・メディアは，その性質上，マスメディアを批判することが多くあります．ただ，それが目的になっては意味がありません．オルタナティブ・メディアの目的は，世の中の多様な意見を吸い上げ，多数の人々に知らせ，社会を少しでも良くしていくことです．だとすれば，マスメディアをひとくくりにして否定することは大きな矛盾です．マスメディアの中の多様性に着目すべきです．良心を持ち，組織や構造のしがらみの中でできる限りの挑戦を続けている人々がいます．それら「個」としてのジャーナリストとの協働を図ることが重要ではないでしょうか．

　2008年の主要国首脳会議（G8）では，多くのマスメディアが市民メディアセンターの活動を取り上げました．NHKや北海道文化放送，北海道放送，北海道テレビが，併せて10の番組でセンターを紹介．新聞も，北海道新聞，朝日新聞，毎日新聞，東京新聞などがセンターの取り組みを報じました．「札幌に情報拠点3カ所」，「『市民記者』に発信拠点」，「市民目線で情報発信」，「サミット取材『市民メディア』も結集」など好意的な内容が目立ちました．

　オルタナティブ・メディアや市民メディアは国内での認知度が低く，発信力の弱さは否めません．マスメディアでの紹介により，多くの人々に取り組みの存在を知ってもらうことが重要です．このような協働関係は一朝一夕にできるものではなく，日頃の交流と信頼関係が不可欠になります．　　　　　　　　　　　　Ⓜ

ミッチ・ウォルツ著（神保哲生訳）『オルタナティブ・メディア』大月書店，2008年．

オルタナティブ・メディアの認知度を高めるための方策には何がありますか？

27 コミュニティメディアとは どんなメディアなのですか？

COMMUNITY MEDIA

「コミュニティ」と聞いて，みなさんは何を思い浮かべますか？ ご近所，町内会，あるいは，町や村でしょうか？ いずれにしても多くの人が「地理的」なまとまりを考えるでしょう．しかし英語の community には，それに加えて，「文化的」なまとまり，つまり共通の関心を抱く人々の集まり，という意味もあります．例えば難民の人々のコミュニティがあります．住んでいる場所が北海道であれ九州であれ，日本で難民として暮らす上で多くの共通の課題を抱えています．文化的なつながりと，地理的なつながりが密接に関係している場合も多々あります．学校，職場，通院先の病院，などのコミュニティはその例と言えるでしょう．

あるコミュニティにとってとても大切なことでも，他の人々はそれに気づかず，なかなか協力してくれないことが多いと思います．そんな時コミュニティは，自らの課題や意見を，他の人々に向けて発信する必要があります．紙，電波（放送），インターネットなどの媒体を用いて，活字，音声，映像などさまざまなフォーマットで情報やメッセージを流す取り組みが，盛んになっています．それがコミュニティメディアです．

■コミュニティメディアの特徴

「コミュニティの，コミュニティによる，コミュニティのためのメディア」がコミュニティメディアであるとも言われます．つまり，コミュニティが所有し，コミュニティによって運営され，コミュニティへの貢献を目的とするメディアです．コミュニティに開かれていなければならず，番組制作はもちろん，管理運営にもコミュニティの人々が幅広く参加できるメディア活動でなければなりません．つまり，「ボランティアとして多くの人々が活動に参加していますよ」，というだけでは不十分であり，重要な意思決定にもコミュニティの人々が積極的に関与できる仕組みを整えることが求められるのです．

このような目的を追求すれば，コミュニティメディアは必然的に，経済的利潤を求めるのではなく，社会的貢献を第一とする非営利型のメディアとなります．

近年，コミュニティメディアの役割が，国際的に認知されつつあります．2008年9月25日に欧州議会で採択されたコミュニティメディアに関する決議は，次のように述べています．

「コミュニティメディアは多様な意見を伝達し，社会的議論を豊かにする」．
「コミュニティに関してマスメディアが植え付ける誤った考えを正し，否定的なステレオタイプの解消に努め，社会的弱者にとって重要な議論に弱者自身が関わり，積極的な参加者となることを可能にする」．

コミュニティメディアの役割は，コミュニティの外部に情報を発信することだけではありません．コミュニティ内での情報共有やコミュニケーションを活性化することも重要な役割です．

■**コミュニティメディアの法制化**

コミュニティメディアの有効性を認め，放送通信関連の法律の中で，その存在をきっちりと位置づける国が増加しています．オーストラリアはその長い歴史を有し，多くの国々の参考となっています．先の「決議」でも，「コミュニティメディアを，商業メディア，公共メディアと並ぶ一つの明確な集団と捉える認識は，未だ欠如している」と指摘した上で，「従来のメディアが不利益を被らないよう配慮しつつ，コミュニティメディアを，商業メディア，公共メディアと並ぶ1つの明確な集団として法的に認知するべきである」と加盟国に助言しています．日本国内でも，コミュニティメディアの活動のひろがりとともに，法制化を求める声が高まっています． Ⓜ

CHECK!　「欧州コミュニティメディア・フォーラム」ウェブサイト　http://www.cmfe.eu/
松浦さと子・川島隆編著『コミュニティメディアの未来』晃洋書房，2010年．

QUESTION!　コミュニティメディアの実践例と思われる活動を1つ挙げてみましょう．

28 ビデオジャーナリズムはどんなジャーナリズムですか？①

　ジャーナリズムとは，市民にさまざまな情報を提供することによって，権力を監視し民主主義の発達に貢献しようとする活動です．その際どんな表現手段を用いるかによって，「活字（プリント）ジャーナリズム」，「写真（フォト）ジャーナリズム」，「ラジオジャーナリズム」のように，「ジャーナリズム」の前に「〇〇」をつけて呼ぶことがあります．これでカンの鋭い方は，もうお分かりだと思います．「ビデオジャーナリズム」とは，表現手段として「ビデオ（映像）」を用いるジャーナリズムのことです．

■「ビデオジャーナリズム」以前の「フィルム映像」

　映像を記録する方法は大きく分けて2つあります．「フィルム」に画像を直接焼き付ける方法と，テープやメモリーカードなどに，電気信号を用いて記録する方法で，後者は「ビデオ」と呼ばれます．ちょっとややこしいかもしれませんが，まず，表現手段として映像を用いるジャーナリズムを「映像ジャーナリズム」と言います．その中でもフィルムを用いるものを「フィルムジャーナリズム」，ビデオを用いるものを「ビデオジャーナリズム」と呼ぶのです．

　ビデオジャーナリズムという言葉を耳にする機会の方が圧倒的に多いのですが，それには訳があります．

　子どものころ，教科書の端に，ページごとに少しずつ変化させた絵を書いて，パラパラとめくっては，アニメーションのように楽しんだことがありませんか？フィルムによる映像も考え方は同じです．リールに巻かれたフィルムに，1秒間に16枚（コマ）の画像を焼き付けていくのです（現在の映画は24コマ）．1分の映像だと，960枚（コマ）になります．フィルム代と現像の手間と時間を考えただけでも気が遠くなりそうですね．速報性が求められることの多いジャーナリズムの現場で，フィルムによる映像は，取材や表現の道具としてあまり使用されなかったのです．

■フィルム映像の権力による利用

　フィルムによる映像を，大勢の観客の前で初めて披露したのは，フランスのリュミエール兄弟です。1895年，パリのグラン・カフェに設置されたスクリーンに，フィルム映像が大写しされると，観客はその不思議な感覚に心を奪われました。映像の威力は瞬く間に世間で評判になりました。

　しかし，真っ先にその威力の活用を試みたのは，ジャーナリストではなく，多くの資金と人手を有する側，すなわち国家や大企業でした。ロシア革命以降のソ連は共産主義陣営の牽引役として，それに対して，米国は資本主義陣営の牽引役として，それぞれが多数のフィルム映像を通じて，自分たちの「正しさ」と，相手側の「誤り」を主張し合いました。

　また，第2次世界大戦へ向かう中で，ドイツや日本は国威発揚を目的としたプロパガンダ映像を大量に制作し，国民を泥沼の戦争へと駆り立てていったのです。

　本来それらを監視すべきジャーナリストの側にとって，映像が有力な取材・表現手段となるまでには，それから半世紀近い年月の経過が必要でした。

フィルムの扱いには手間と時間がかかる（http://www.d-word.com/topics/show/98?pos=1754 より）

神保哲生『ビデオジャーナリズム』明石書店，2006年．

活字情報と映像情報，それぞれの長所と短所は何でしょうか？

29 VIDEO JOURNALISM

ビデオジャーナリズムとは
どんなジャーナリズムですか？②

　20世紀は「映像の世紀」とも呼ばれます．1914年から18年まで戦われた第1次世界大戦では，毒ガスなどの化学兵器が初めて用いられるなど，戦争の規模が拡大し，被害が兵士以外の一般国民にまで広く及ぶようになりました．これ以降，国家が戦争を起こし，続ける上で，それを支持する国民世論を形成することが，いっそう重要となっていったのです．そのための装置として国家権力が盛んに用いたのが，映像でした．

　一方，ジャーナリストが映像を権力監視の道具，「武器」として本格的に利用できるようになったのは，20世紀の後半になってからでした．

■ビデオジャーナリズムの登場

　1956年，映像を電気信号でテープに記録し，再生する「ビデオ・レコーダー」が登場しました．撮影した素材を，現像の手間なく，すぐに見られるようになったのです．しかしまだまだレコーダーもカメラも大型で重く，気軽に持ち運べるような代物ではありませんでした．カメラには撮影機能しかなく，ケーブルでレコーダーとつないで使用する必要がありました．屋外での撮影にも，一式数百キロもするようなスタジオ用のカメラを持ち出すのが普通でした．想像しただけで，ジャーナリストの取材道具としては向かないことがわかりますね．

　その後時代の変遷とともにカメラとレコーダーの小型化が進み，ついに1982年にはそれら二つの機材が一緒になった「一体型」ビデオカメラ（業務用）が登場しました．家庭用の一体型ビデオカメラも目覚ましい発展を遂げ，映像はジャーナリストにとって，徐々に身近な道具となっていったのです．

　米国で1991年に設立された放送局「New York 1」は，開局に先立ち，雇用した記者（ほとんどが映像制作の経験なし）らに数カ月のトレーニングを提供．取材・撮影・編集すべてを1人でこなす「ビデオジャーナリスト」として育成し話題になりました．それまでは，取材，撮影，編集をそれぞれ別の「専門家」が行うことが普通でしたが，それらをすべて1人が行うことで，一貫性，即応性，柔軟性

が高まり，対象へより深く迫る取材が可能になったとも言われています．

■ 国内のビデオジャーナリスト

　日本国内でも，ビデオジャーナリストらの活動が盛んです．1987年にアジアのフォトジャーナリストたちの集団として発足した「アジアプレス・インターナショナル」は，1990年にビデオを用いた活動を開始し，以降アジアにとどまらず世界中の課題をテーマに優れた報道を行っています．AP通信などで記者として働いていた神保哲生さんは1994年，「ペンをビデオカメラに持ちかえて」ビデオジャーナリストとしての活動をスタート．以来国内外の放送局へ，100本を超えるレポートやドキュメンタリーを提供しています．

　フリーランスとしての活動が多いビデオジャーナリストは，多くの課題にも直面します．大手メディアの職員が行かない危険な地域へ赴く「危険請負業」的な活動や，放送局の経費削減のための「下請け労働」的な活動が少なくありません．広告主との関係などでしがらみの多い大手メディアと，番組の編集方針をめぐって対立することもしばしばあります．そのため，労働環境の改善を求めていることはもちろん，既存の放送局に依存しない，独自の発表の場や経路の確保・創出にも力を注いでいます．インターネット上で映像作品を公表することもその一つです．Ⓜ

治安悪化のイラクモスルで，イラク軍に同行取材するジャーナリストの玉本英子さん＝2008年（提供：アジアプレス）

CHECK! 「アジアプレス・インターナショナル」ウェブサイト　http://asiapress.org/

QUESTION! 「独自の発表の場や経路」を具体的に調べて，1つ挙げてみましょう．

30 NEWS SELECTION

メディアはどのようにしてニュースを選んでいるのでしょうか？①

「不明女子大生？　山中に遺体」
「広島で頭部発見　島根の19歳」

2009年11月7日の朝日新聞朝刊（大阪本社版）は，凄惨な事件に関する記事を1面トップに据えました．長めの記事とともに，犠牲となった女子大生の顔写真，遺体が遺棄されていた現場で捜索する捜査員の写真，現場の地図が添えられています．広島県警は顔の特徴などから同日，遺体が島根県立大1年生だったことを確認し，社会に衝撃が走りました．

1面にはこのニュースのほか，3本の記事が組まれています．鳥取県内で相次いで起きていた不審死事件の続報が2番手．見出しは「首圧迫の跡　殺人で捜査」となっています．3番手は「空港施設会社8割黒字　天下り先，本体は大半赤字」という記事，4番手は「東京，2020年五輪再挑戦」という記事でした．

1面に来るのはその日の最重要記事．朝日新聞は多くのニュースからこの4本を選び抜き，さらに重要度に違いをつけて紙面を構成しました．では，どのようにしてニュースの重要度を決めているのでしょうか？　どんなニュースが大きく扱われるのでしょうか？

■誰もが大ニュースと確信

新聞記事やテレビのニュースは，取材から始まります．広島県警から「山中で頭部発見」という情報を最初に耳にした記者は，犯行の残忍さにショックを受けたことでしょう．つらい思いを胸に抱きながらも，取材活動は進めなければなりません．同時に社内の取材態勢にも気を配る必要もあります．この日最大級のニュースになることは，経験の浅い駆け出しの記者でも判断できたはずです．

全国紙の場合であれば，広島県警担当の記者は直ちに，原稿を処理する役の広島支局のデスクに概要を伝えます．支局のデスクは大阪本社に伝え，全社を挙げての大がかりな取材態勢に入ります．女子大生が姿を消したのは島根県浜田市．遺体の一部が発見されたのは広島県北広島市．両県にまたがる大規模な捜査にな

ることから，取材態勢も相当な規模になります．大阪本社の社会部からも何人かの記者が応援取材で現場に入りました．

■ 関連記事が社会面にも大きく ─────

　結果的にこのニュースは1面トップ，つまり最重要のニュースになりました．関連の記事が，社会面にも大きく掲載されました．記事は「祈った無事　急転」の見出しで，家族の動静や，本人がアルバイト先を出てから行方不明になった経過などを詳しく伝えています．写真は防犯カメラに写った写真と，周辺の地図も添えられています．女子大生の周辺で何が起こったのかを探る内容で，読者の関心に応えようとしています．

　その一方，同じ朝刊には非常に小さい記事も載っています．例えば，第3社会面には「三笠宮さま退院」という記事が出ていますが，本文はわずか6行です．経済面の「大銀協会長に服部氏内定」という記事も8行しかありません．いずれも，ひょっとしたら，掲載されなかったもしれないというニュースです．

　このニュースを1面と社会面に展開するように大きく扱うか，それとも10行以下の小さい記事にとどめるか．あるいは，その間の中規模のニュースと位置づけるのか．取り上げた事件のように，記者やデスクは誰もが，大変なニュースになると考え，紙面を作り上げる場合は，問題なく1面トップの記事が決まります．しかし，すんなりとは決まらない場合もあるようです．

花田達朗・ニューズ・ラボ研究会編『実践ジャーナリスト養成講座』平凡社，2004年（特に2章の2）．

同じ日の新聞1面トップの記事は各紙で同じこともあれば，異なっていることもあります．なぜでしょう？

31 メディアはどのようにしてニュースを選んでいるのでしょうか？②

すべてのニュースは取材から．取材した記者は誰もが，自分のニュースができるだけ大きく報道されることを願っています．そうだとしても，新聞であれば紙面の数，テレビやテレビのニュースであれば放送時間が，それぞれあらかじめ決められています．紙面に載る記事，放送されるニュースは量的な制約を受けざるを得ません．

■ニュースは相対的なもの

集められたすべてのニュースは，プロの手によって選択され，選ばれたニュースだけが読者・視聴者に届けられることになります．その意味で，ニュースは相対的なものであると言えます．

例えば，重要なニュースが多い日もあれば，相対的にニュースが少ない日もあるでしょう．編集の現場では，前者を「ニュースが厚い」と呼び，後者を「ニュースが薄い」と呼んだりします．

ニュースが厚い日は落とさざるを得ないニュースが増えます．また，予期しない大事件や大事故が飛び込んでくると，他のニュースはせっかく取材して，原稿が出来上がっていたとしても，一瞬にして吹き飛んでしまいます．

逆にニュースが薄い日は，紙面作りに苦労します．普段であれば5, 6番手クラスのニュースをトップに仕立て上げなければなりません．「日持ちするニュース」，つまり，その日の紙面に急いで載せなくてもよいニュースは，全体的にニュースが薄い日を狙って出すと，通常よりも大きく扱われ，担当記者は得した気分を味わうことができます．

■編集会議で激論も

その中で，どのニュースを1番手とするか，2番手，3番手はどうするのかを決めなければなりません．国内最大手の通信社である共同通信の場合，長年の慣行で，平日は午前と午後の4回，編集局の政治部，社会部，経済部，外信部，内政部，運動部，科学部などと，ビジュアル報道センターの写真部やグラフィックス

部などから，部長やデスクが集まり，編集会議を開いています．もう少し会議の様子をのぞいてみましょう．

　編集会議は，各部からの報告で始まります．取材現場はどんなニュースを追っているのか．事件や事故，首相や閣僚の動静，国会の動き，野球やサッカーの試合など，どのような出来事が起こり，また近く予定されているかを，各部が報告します．新聞各紙がどのようなニュースで先行しているのか．競争相手の動きも視野に入れます．

　そしてリーダー役が示した案を叩き台にして，合議制で「◎（ふたつまる）」と呼ばれるトップ・ニュースと，「○（ひとつまる）」と呼ばれる準トップ・ニュースを決めていきます．すんなり決まる場合もあれば，揉めに揉めることもしばしばあります．政治部デスクと，社会部デスクが1面トップ記事を競って激論を交わす．そんな場面も珍しいことではありません．最終的には編集局長が断を下します．こうして決められた結果をまとめたものが「朝刊メモ」「夕刊メモ」という出稿メニューになります．

　共同通信から配信を受ける新聞社は，これらのメニューをにらみながら，紙面構成を考えます．地方紙は自社の記事と共同通信からの配信記事を組み合わせ，地元読者の目を引く紙面構成を考えます．ここでもまた，ニュースの選択が行われています．

　では，その際に「これが1番手のニュースなのだ」と，最前線の記者や編集会議に出席する各部の部長やデスクらが判断する根拠は何なのでしょうか．そこには何らかの基準が存在しているように見えます．

CHECK! ビル・コヴァッチ，トム・ローゼンスティール『ジャーナリズムの原則』日本経済評論社，2002年．

QUESTION! すべてのメディアが間違いなく一番手に据えるのは，どんなニュースがあるでしょうか？　また，過去にはどんなニュースがあったでしょうか？

メディアはどのようにしてニュースを選んでいるのでしょうか？③

　編集会議でニュースの軽重を測り，トップ・ニュースを決めていく．議論の中で，「最も重要」と判断する基準は何なのでしょうか？　数字を方程式に当てはめれば，客観的にニュースの大きさが導き出されるわけではありません．

■「おもしろい」という"基準"

　ニュースの現場で幅を利かせているのは，「おもしろい」という実にあいまいで，主観的な"基準"です．例えば，編集会議の中では，

　A氏「きょうは民主党の内部抗争の話を1面トップにしよう」
　B氏「いや，先月も既にその予兆があり，記事にしている．まったく新しいニュースではない．経済ネタの方がよい」
　A氏「いや，話自体はおもしろい．前回よりも詳しく書けば1面トップでいける」

というような形で，「おもしろい」という"基準"が頻繁に登場します．

　A氏は，民主党の内部抗争劇をなぜ「おもしろい」ととらえたのかを説明しなければなりません．先月報道された内容を，A氏は詳しく把握していたのでしょうか？「おもしろい」というのはA氏の直感にしか過ぎません．記憶違いがあるかもしれないし，不勉強に基づくものかもしれません．

　さらに，送り手であるメディアにとって「おもしろい」というだけでなく，「読者（視聴者）にとっておもしろいニュースだから」という"基準"も飛び出すことがあります．しかし，読者がおもしろいと感じているかどうか，どうやって分かるのでしょうか．「売れればよい」「視聴率が高ければよい」という発想につながらないでしょうか．

　「おもしろい」と感じる力を否定するわけではありません．新たなニュースを見つけたり，掘り下げたりするのには，必要不可欠な感性です．しかしながら，なぜ「おもしろい」のかを突き詰めなければ，ニュース価値を定めたことにはなりません．結果的に誤った判断を生みかねません．

■「他社要因」の影響も

　同業他社がどういうニュースを流しているか．これもニュース編集の現場では，一種の"基準"になっています．周囲のメディアが与える影響は小さくありません．もう一度，ある社の編集会議をのぞいてみましょう．

　Ｃ氏「Ｙ社が報道している．なぜウチは流さないのか」
　Ｄ氏「もう少し取材を重ねて検討したい」
　Ｃ氏「他の社も報道したらどうする？　とりあえず後追いしたらどうか」

　こんなやりとりの中，Ｄ氏が抗するのはなかなか大変です．ある種の"外圧"には，どんな理由も簡単に蹴散らされてしまいます．

　しかし，そもそもＹ社のニュース判断は正しいのでしょうか？　なぜＹ社のニュースは重要だと言えるのでしょうか？　後追いする意味はあるのでしょうか？

　ライバル社のスクープが，本当に重要なニュースであれば，無視するわけにはいきません．「やられた」と思いながらも，同じニュースを報じることになります．ところが，実際にはニュースそのものの価値を十分に検討することなく，「他が報道したのだから，ウチもやる」とばかりに，闇雲に後追いするケースが現実には起こっています．マスメディアの記者やデスクならば必ず経験しているはずです．

　これまでみてきたように，ニュースの選択には複雑な要素が絡み合っていることが分かります．

大石裕・岩田温・藤田真文『現代ニュース論』有斐閣，2000年．

自分が「おもしろい」と感じるニュースは何でしょう？　友人が「おもしろい」と感じるニュースとどのように違うでしょう？

33 NEWS VALUE

どんなニュースならば大きくなるのでしょうか？①

　記事を書く記者や，それを受け取るデスクら，ニュースの仕事に携わる人たちの間には，ニュース価値を判断する何らかの"基準"を持ち合わせているようです．どんなニュースを大きく扱おうとするのでしょうか．具体的に考えてみましょう．

■鮮度が命〜新しければ新しいほど

　ニュース（news）は何より，新しい（new）ことが求められます．つまり，新しいほどニュースになりやすい，大きく扱われやすい，ということです．これがニュースの第1原則です．

　例えば，事件・事故のニュースは，大部分が発生した直後に報道されます．殺人，強盗，放火などの凶悪犯罪や，ひき逃げ，詐欺，脱税，贈収賄などの事件，地震や台風，雪崩などの自然災害などは，「発生もの」と呼ばれています．これらは発生直後にニュースにならなければ，2‐3日過ぎて報道されることは，ほとんどあり得ません．

　その一方，1000年以上前の出来事が紙面を飾ることもあります．例えば，2009年11月11日の全国紙の朝刊には，奈良県桜井市の纒向（まきむく）遺跡で，3世紀前半の大型建物が見つかったという記事が載っています．この時期では国内最大の面積であり，邪馬台国の女王・卑弥呼が支配した中枢施設の可能性があると，伝えています．

　大昔の話がなぜニュースになったかと言えば，この遺跡を発掘していた桜井市教育委員会が調査結果を発表したのが新聞発行直前の11月10日だったからです．発掘調査を進めていて，徐々に建物跡の規模は明らかになっていたはずです．そしてようやく，発見した事実をまとめ，意義付けをして，マスメディアに初めて公表したのが10日午後でした．邪馬台国の所在地をめぐっては畿内説と九州説があり，この発見が論争に大きな影響を与えるかもしれない——．そういう最も新しいニュースだったために，各紙が大きく伝えたのです．

■セレブ——有名であればあるほど

　続いて，ニュースの2番目の原則は，同じような出来事であっても，有名な人ほど大きなニュースになるということです．想像は難しくないはずです．

　例えば，映画やテレビに登場する有名な歌手やタレントが結婚したら，最近はほとんどの新聞が記事にする傾向にあります．テレビの情報番組は時間を割いて大きく扱うでしょう．しかし，一般市民が結婚しても，それ自体がニュースとして報じられることはありません．

　かつてサッカーのスーパースター，デビッド・ベッカム選手が来日した際，小学校を訪れたことがニュースになったことがあります．この訪問は小学生には大きな夢を与えたかもしれませんが，本人のプレーや記録に直接関わる出来事ではありません．

　このようにセレブ（セレブリティ，celebrity）は一挙手一投足がニュースになる可能性があります．

　どんなニュースが大きくなるのか．これら2つ以外にも要因はあるようです．

駅のキオスクに積み上げられた夕刊紙．派手な見出しが踊る（撮影：小黒純）

CHECK! 日本新聞協会編『心がぽかぽかするニュース　HAPPY NEWS 2008』文藝春秋，2009年．

QUESTION! 有名人だからこそニュースになったという事例を新聞記事の中から見つけてみましょう．

34 どんなニュースならば大きくなるのでしょうか？②

■距離――近ければ近いほど

　地球の裏側で起こったニュースよりも，近場で起こったニュースを身近に感じる．こんな体験がきっとあることでしょう．例えば，コンビニエンスストアで強盗があったとします．犯人はレジにあった12万円を奪って逃走したものの，幸い店員や客は無事でした．もし，勤務先の近くにあり，利用したことがある店舗だったら，「あの店だったのか」ということになり，関心が高まるでしょう．しかしながら，行ったことがない場所にある店舗だったらどうでしょうか？

　つまり，ニュースは起こった場所が近ければ近いほど，自然に関心が向くものです．それぞれのメディアは，自らの読者や視聴者に「近い」かどうかを判断し，近いほど積極的に取り上げる傾向にあります．その方が，いわゆる関係者が多くなるからです．この「近い」には，地理的に近いことのほか，心理的に近いことも含まれています．

　近ければ近いほどニュースになりやすい，あるいは一段と大きなニュースになる．これを第3の要因として挙げることにします．

　海外で発生した事件・事故について考えてみましょう．パキスタン北西部の町で，車を使った自爆テロがあり，24人が死亡，約40人がけがをするという事件がありました．朝日新聞は国際面で報じましたが，見出しは1段という，いわゆるベタ記事です．本文は17行だけです（2009年11月11日朝刊）．

　小さな扱いとなった理由は，そもそも地理的に日本とは近くはない．そして，犠牲者の中に日本人がいなかったからです．逆に，日本人が含まれていたら，数倍もの扱いになっていたことでしょう．このことは何も，パキスタンの人々と日本人では，命の重さが違うからではありません．日本語で書かれた新聞は，日本人の読者を想定しています．そうすると，日本人関連のニュースが大きくなり，関連しないニュースは小さくなります．

　海外で起こった飛行機事故や列車事故で，「乗客の中に日本人はいない模様です」などと報じることがあります．大勢の犠牲者がいるのに，なぜ日本人だけの

安否が取り沙汰されるのか，奇異に感じるかもしれません．他の国の乗客よりも日本人の命の方が大事だからというわけではありません．日本語で伝えるニュースは，読者の大部分が日本人であると想定しています．そうすると，海外で発生したニュースでも日本人という要素があれば，心理的にはぐっと近くなります．したがって，日本人の安否を伝えるのはむしろ当然のことと言えます．

■対立や争い——激しさが増せば増すほど

第4の要因は，対立や争いがあるとニュースになる，ということです．これはいくつも例があります．

例えば，国際関係において，国と国とが対立した場合です．日本と北朝鮮の間では，日本人拉致問題や核開発問題など，いくつもの問題が横たわっています．こうした日朝間の問題はしばしばニュースになります．

また，裁判も民事にせよ刑事にせよ，法廷では裁判官を挟んで当事者間がそれぞれの主張を戦わせます．国会でも与野党間が激突します．

2009年秋は，政権交代後，次年度予算要求の無駄を洗い出す，行政刷新会議の「事業仕分け」作業が国レベルでは初めて行われました．無駄を削ろうとする「仕分け人」と，予算を確保しようとする官僚側が激しく意見を戦わせました．新聞はその様子を1面トップで伝えました．

対立や争いがあるところにニュースあり，と言えます．

鳥越俊太郎『ニュースの職人』PHP研究所（PHP新書），2001年．

自分の周囲には対立や争いはありますか？　それらはニュースになっていますか？

35 NEWS VALUE

どんなニュースならば大きくなるのでしょうか？③

どんな要素があればニュースは大きくなるのか．残る２つを確認しておきます．

■非日常性・異常性――珍しければ珍しいほど

ひと言で言えば，珍しい出来事はそれだけ大きなニュースになります．

1999年2月，脳死からの臓器移植が行われました．臓器移植法が1997年に施行されてから初めての事例です．臓器提供が行われたのは高知県にある高知赤十字病院．いつかは「国内初」の事例が出るだろうと，メディアは関係取材を進めながら，じっと待ち受けていました．取材拠点となった高知支局には東京や大阪からも記者が派遣されました．

その後，国内5例目ぐらいまでは大がかりな取材陣で臨んでいました．が，徐々に取材態勢は縮小されていきました．2009年2月には81例目が行われましたが，新聞は非常に小さく扱いました．例えば，読売新聞は本文が20行のベタ記事でした（2009年2月9日夕刊）．脳死からの臓器移植が，もはや非日常的なことではなくなり，よくあるニュースの1つと位置づけられたからです．

犯罪はそれ自体，非日常的な出来事だと言えます．しかし，その中でも，特異な犯罪であれば大きなニュースになります．例えば，1998年7月に和歌山県和歌山市で起きた毒物カレー事件がその典型です．この事件では，夏祭りでカレーを食べた67人が腹痛や吐き気を訴えて病院に搬送され，4人が死亡しました．地元住民にふるまわれた食べ物に，致死量を大きく上回る毒物が混入されていたということ自体が，非常に特異であると言えます．

■影響の大きさ――関わる人が多くなればなるほど

もう1つの要因として挙げることができるのは，その出来事がどれだけ多くの人に影響を与えるかです．関わる人が多ければ多いほど，大きなニュースになります．

簡単に言えば，規模の問題です．例えば，雪崩による遭難事故の場合，行方不明となった人数が多いほど，大きなニュースになります．交通事故や火災，地震，

洪水などでも同じことです．

　政策が変わると，多くの人が影響を受ける場合があります．例えば，2009年3月，高速道路の一部で，ETCを搭載した普通車や軽自動車は，週末と祝日に限り料金が1000円に引き下げられました．これによって遠くまで旅行に行ける——．車を持つ世帯にとっては関心の高いニュースと言えます．

　また，税制や年金制度，医療制度なども，変更があれば，市民生活に大きな影響を及ぼします．このように関わる人が多いニュースは，より大きく扱われる傾向があります．

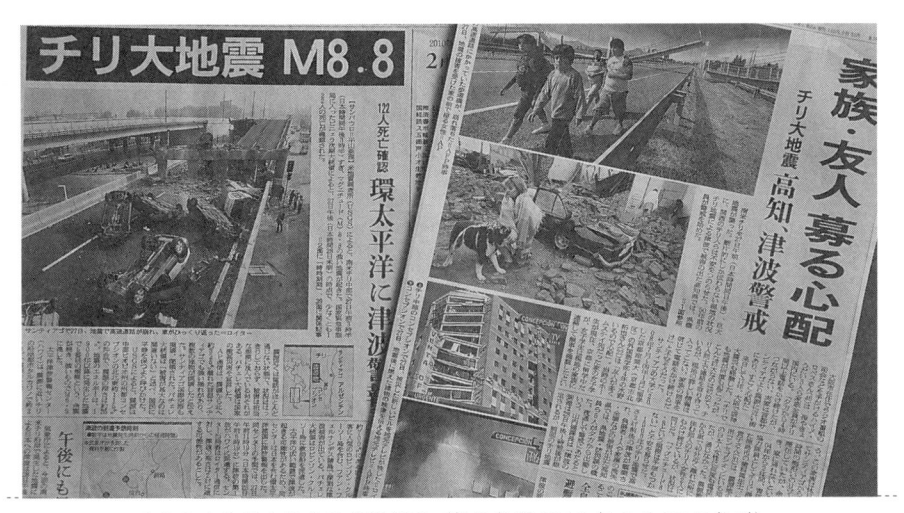

チリの大地震を伝える新聞紙面（朝日新聞2010年2月28日朝刊）

CHECK! 筑紫哲也『若き友人たちへ——筑紫哲也ラスト・メッセージ』集英社，（集英社新書），2009年．

QUESTION! 多くの人々に影響を与えるニュースにはどんなものがあるでしょうか？　いくつか例を挙げてみてください．

36 新人記者は必ず警察取材をするのでしょうか？

　多くの新人の記者が取材先として最初に門を潜るのは警察署です．伝統的にほとんどの新聞社は，駆け出し記者に警察の取材，つまり「サツ（察）回り」を担当させてきました．「サツ回り」とは，各警察署が所管する地域を担当する記者や，こうした取材活動そのもののことを指します．

■「発生もの」を優先的に取材

　では，新人記者は1日どのような動きをするのでしょうか？　例えば，市内に7つの警察署があり，そのうち東に位置する4つの担当になったとします．すると，これら4つの署が管轄する地域で起こった，事件や事故，火事などの「発生もの」はすべてカバーしなければなりません．警察署は24時間態勢．夜間から未明は当直の署員が勤務しています．当直が明け，引き継ぎが行われるのは午前7時から8時ごろです．担当記者の朝一番の仕事は，このタイミングに合わせて，前夜から未明にかけてどんな事件や事故が発生したかを当直責任者（当直長）に確認することから始まります．電話を入れるか，警察署に顔を出すか．早朝に発生した事件・事故であれば，「間もなく発表するから」と教えてもらえることもあります．

　うまく事件・事故の情報を入手したとして，どこから取材を始めるべきなのか．まさに経験を積みながら，瞬発力を身につけていくしかありません．規模の小さい交通事故1つをとっても，ニュース価値を判断するのは簡単なことではありません．発生日時と場所，事故の当事者，被害の程度などを表面的にさらっと聞いただけで，どのくらいの大きさの記事になるのか分かるようになるには，それなりの日数を要します．

　直ちに速報する準備に入った方がよいのか，それとも警察署で捜査員の話を聞いた方がよいのか．あるいは先に発生現場に向かわなければならないのか．他の記者の応援を求めなければならない場合なのか．複数の事件・事故が相次いで発生した場合はどうするのか．判断を迷ったら，支局のデスクや都道府県警を担当する先輩格の記者（「県警キャップ」などと呼びます）らに相談します．が，少し慣れ

てくるとたいてい2度や3度は，自分が勝手に判断して，ニュース価値を見誤ってしまうという苦い経験を踏むことになるでしょう．

■**ニュース価値の判断力，取材の瞬発力を養う**

夕刊時間帯と呼ばれる，午前中から午後1時すぎまでは，「発生もの」に直ちに対応できるように，いずれかの警察署に詰めているのが普通です．どの署にも広報課（広報室）のそばに小さな記者室があります．ここを拠点にして，署内を回ります．昼間も朝一番の動きと一緒で，いち早く情報をキャッチし，ニュース価値を判断して取材を始める．これの繰り返しです．報道機関の取材対応をするのは，副所長と広報課の署員になります．徐々にではあるにせよ，殺人や強盗事件を担当する捜査一課長らとも，世間話程度はできるようになります．

夕刊時間帯が過ぎると，新聞記者は一息つくことができます．「発生もの」を警戒しつつ，午後は各種の催しや町の話題など，いわゆる「町ダネ」の取材に回ります．当日すぐに記事にすべきもの，取材だけを済ませておき，後日記事にすればよいものなど，緊急度はさまざまです．「町ダネ」を取材している最中でも，「発生もの」が飛び込めば，優先せざるを得ません．警察署担当のつらいところです．

同業他社の記者も同じように警察署を回っています．同じような動きをしているはずなのですが，時には「抜かれる」ことがあります．他社に特ダネ（スクープ）を放たれると，支局のデスクら上司から叱責されることは確実です．悔しい思いをしながら，今度は「抜き返す」と誓うしかありません．

ニュース価値の適切かつ迅速な判断力と，五感をフルに使った素早い取材力．そして，自分が担当する警察署管内で発生した出来事は，自分1人がカバーするという責任感．こうした基本的な素養を記者が身につけるには，「サツ回り」の仕事が最適だと，長年考えられてきました．

本田靖春『警察（サツ）回り』筑摩書房（ちくま文庫），2008年．

なぜ，報道される事件と，報道されない事件があるのでしょうか？

37　NIGHT RAID AND DAWN ATTACK

なぜ「夜討ち・朝駆け」取材をするのでしょうか？

　広辞苑によると，「夜討ち」の文字通りの意味は「夜，不意に敵を襲い撃つこと．夜駆け」，「朝駆け」は「朝早く不意に敵陣に押し寄せること」です．2つの言葉を合わせても「敵を攻めるのに急なさま」ですが，2番目の定義として「俗に，記者が取材のために深夜・早朝に相手の家を訪問すること」という説明も登場します．

■取材先の多くは公務員
　記者が深夜から未明にかけて，取材先の自宅を訪問して，必要な情報を得ようとする活動を，「夜討ち」あるいは「夜回り」と呼んでいます．時間帯が早朝になれば「朝駆け」あるいは「朝回り」と言います．「夜回り」は通常，タクシー（ハイヤー）を貸し切り，複数の取材先を回ります．

　自宅のそばで待ち受けていて，いつもタイミングよく相手が帰宅してくれるはずはありません．寒風の中，凍える手足に痛みを感じながら待つ．それでも帰る気配がない……．日付が替わることもしばしば．ようやく会えても，「きょうは何もないから」のひと言を聞いて終わることもあります．

　記者クラブや本社に戻って，デスクや他の記者と情報を確認し合ったり，原稿を書いていたりすると，午前1-2時を回ってしまいます．警視庁担当記者が未明に帰宅すると，朝回り用のハイヤーが待っていたという話も聞こえてきます．こうなると，相当に過酷な労働条件と言わざるを得ません．

　取材先は記者の担当によって異なります．東京ならば，警視庁や東京地検特捜部など捜査当局の幹部や，現場で捜査に当たる刑事や取り調べを担当する検事，財務省や総務省など中央省庁の官僚，有力な国会議員，経済界の有力者，企業のトップらが中心になります．地方であれば，自治体の首長や警察の幹部，ベテランの議員らが対象です．中央でも地方でも，その多くが国家公務員あるいは地方公務員であり，権力の中枢にいる人たちであるところが特徴です．

　では，いったい何のために，このような取材活動をしているのでしょうか？　官

公庁や警察に勤務する職員は，日中姿を隠しているわけではありません．なぜ，わざわざ深夜や未明に，しかも自宅を訪ねて取材をするのでしょうか？ 取材先の自宅には家族もいることもあるでしょうし，プライバシーを侵害することになるのではないでしょうか？ 膨大なタクシー代をかける価値が本当にあるのでしょうか？ 取材記者の勤務時間はあまりに長く，肉体的な負担が大きすぎるのではないでしょうか？

■**守秘義務との関係，他社との競争**

　新聞やテレビ各社が，こうした取材にしのぎを削っているのには，大きく2つの理由があります．

　1つは，公務員に課せられた守秘義務との関係です．例えば，警察の捜査員であれば事件の捜査情報を取材記者に漏らすことは，原則的にできません．特に，職場であれば，信頼の置ける記者に対しても，周囲の目がある以上，情報を伝えることはできません．しかし，勤務を終わった後，しかも自宅であれば，プライベートな時間と場所であるという建前をつくることができます．実際のところ，取材の話は一切なく，単なる懇親会なのかもしれません．自宅ならば密室同然なので，周りの目を気にすることもありません．

　もう1つは，同業他社との競争です．捜査当局や省庁で行われる記者会見は開かれた取材場所です．その内容を記事にしても，ほとんど差をつけることはできません．「抜いた・抜かれた」の世界で勝負に勝つには，取材先との信頼関係を築き，自分だけが単独で，とっておきの話を聞き出せるような環境をつくりだすしかありません．さまざまな取材手法が考えられますが，伝統的に行われているのが，夜回り・朝回りという方法なのです．たとえ経費がかさみ，記者個人の負担が大きくても，取材先の家族が迷惑がっても，それを上回る価値があると考えられています．

CHECK！　柴田鉄治『新聞記者という仕事』集英社（集英社新書），2003年．

QUESTION！　公務員だったら，必ず取材に答える義務があると思いますか？　その理由は？

「ぶら下がり」取材とは何でしょう？

　報道陣のカメラとマイクに囲まれて，首相が質問に答える．こうしたシーンは，テレビのニュースでしばしば登場します．このように，取材対象者を記者団が取り囲み，質疑応答をする取材形式を，「ぶら下がり」と呼んでいます．

　通常の記者会見は，官庁内の記者会見室やホテルなどで行われます．これに対して「ぶら下がり」は，お互い立ったまま，短時間のやりとりとなります．首相をはじめ，閣僚や有力議員に対してだけでなく，最近では地方自治体の首長らに対しても，この方式が増えています．

　取材対象者にたくさんの記者が群がり，肩を寄せ合って一緒に移動する姿が，まるでぶら下がっているように見えることから，この名前がついたと言われています．

■ かつては歩きながら

　首相に対する「ぶら下がり」はかつて，慣例で記者はその場ではメモも録音もしないことになっていました．宮沢喜一首相の時代からは，警備上の問題から，首相のすぐ横について質問できるのは記者1人，しかも左側に制限された．後ろにはSPがつく．他の記者たちはさらに後ろについて歩くだけ．その間，執務室を出入りする十数メートル．首相と直接やりとした記者は，その内容を再現して，他の記者は聞き取る．確認のために全員でメモを読み合わせをしていました．

　歩きながらの形式を変えたのは，2001年4月に就任した小泉純一郎首相です．平日は午前と午後の1回ずつ，立ち止まっての「ぶら下がり」が始まりました．午前はカメラも録音もなしで，メモだけ．午後はカメラが入ります．ニュースに映像が欠かせないテレビ各社にとっては，重要な取材の場になっています．

　一方，首相にとっては「テレビカメラを通じて国民の皆さんに直接伝えられる機会」(官邸ホームページ)と言えます．しかし，安倍晋三首相が1日1回に減らしたり，福田康夫首相や麻生太郎首相もまったく応じない期間があるなど，国民に直接訴える機会も，都合が悪いときには使わないようです．

■やりとりを忠実に再現

　実際にはどのようなやりとりが繰り広げられているのでしょうか．テレビのニュースも，新聞記事もその一部しか切り取りません．しかし最近，朝日，毎日，産経などの新聞は，自社のウェブサイトに，「ぶら下がり」の内容を掲載するようになりました．

　この中で，質疑の内容をより忠実に再現しているのは，毎日新聞の「首相VS記者団」です．例えば，麻生太郎首相（当時）の言葉を抜き出すと……．

Q：あのお，総理が出された指示ですので，直接，おうかがいしたいのですけども．
A：スムーズに移行できるように．なるべく協力するように．各省庁に連絡するように話しましたよ．その通り官房長官，言わなかった？
Q：あの，おっしゃってますけども……．
A：ああ，裏取ってるわけね．
Q：はい？
A：ああ，裏を取っているわけね．ああ，そうかね．ああ，記者としてまともですよ．裏を取ろうという心がけは．普段，取らずに書いてるけれども．ねえ．取ろうという心掛けが大切．
（秘書官）：「はい，終わります」
Q：ということで，総理からはそのような指示．総理，総理，総理．まだ終わっていないんです．
A：今の質問だけなんじゃないの？

　　　　　2009年9月2日の麻生首相「ぶら下がり」．毎日新聞「首相VS記者団」から抜粋．

　確かに，短時間とはいえ，手元に資料はなく，カメラの前で当意即妙の応答をするのは大変なのかもしれません．米国や英国でも，日本のような「ぶら下がり」の慣行はなく，報道官や広報官が毎日，記者団からの質問を受けています．

CHECK! 毎日新聞の「首相VS記者団」のウェブサイト
http://mainichi.jp/select/seiji/primeminister/

QUESTION! 短時間の「ぶら下がり」取材で記者は首相に何を聞くべきでしょうか？

39 知事や市長の記者会見には誰でも参加できるのでしょうか？

　テレビ番組で顔が売れている有名人が地方自治体の首長になったケースがあります．大阪府の橋下徹知事や，宮崎県の東国原英夫知事はその知名度を活かして当選し，知事としての動静もメディアに大きく取り上げられています．大阪市の平松邦夫市長は元ニュースキャスターでした（肩書きはいずれも 2010 年 3 月現在）．

　マイクに囲まれて記者の質問に答える姿は，部分的にニュースで流されます．普段，報道陣とどんなやりとりをしているのか，詳しく知りたかったらどうすればよいでしょうか？　知事や市長の記者会見に市民が参加することはできるのでしょうか？

■ネットが伝える記者会見

　自治体の首長は毎月 1-2 回のペースで記者会見を開いているのが通例です．各自治体には報道機関の記者によって構成される記者クラブがあります．首長の記者会見に出席できるのは記者クラブのメンバーだけに限られているケースがほとんどです．

　しかし，最近は自治体自らが記者会見のやりとりを，映像・音声や文字（テキスト）でウェブサイトに載せるようになっています．実際に話した言葉をどれだけ正確に文字に直すかは各自治体でかなり開きがあります．例えば大阪市長の場合は，ほとんど話したままを再現しています．「まず緑のカーテンの効果ですが，えっと，カーテンは，あっ，こっち？　ごめんなさい．緑のカーテンの効果，いちばんこちら側になりますけれども……」（市長）などと息づかいまで聞こえてきそうです．記者の所属や氏名は伏せられていますが，「市長，今ですね，推進協議会で 1 回目とは違う形というようなこともおっしゃいましたけれども，それは具体的にどういう方向になるんでしょうか」などと，記者がどのような尋ね方をしたのかが分かります（2009 年 10 月 7 日の記者会見から）．

　テキストとは別に動画もアップされています．記者会見の時に配布された発表資料も PDF ファイルなどの形で添付されています．記者会見に参加できなくて

も，どんなやりとりが行われたか，ほぼすべての情報を一般市民も手に入れることができるようになったと言えます．

■発表資料も同時に公開

　発表資料は以前，記者クラブだけにしか配布されていませんでした．インターネットを通じて公表するようになったのは1998年10月から．全国の自治体としては初の試みとして，埼玉県が始めました．今では当たり前のことですが，当時埼玉県庁にあった記者クラブの記者たちは戸惑いを隠せませんでした．

　インターネットに流された資料と記事を読者が比べると「記者の取材力が見透かされてしまう」．発表資料をほとんど丸写しして記事にしていたことがばれてしまう，というわけです．そのほか，発表資料を取り置いて，紙面が空いている日に「このほど発表した」という形で記事にできなくなることを心配していました．自治体による「ネットを通じて資料提供」が，それまでのマスメディアの取材姿勢を問い直したのです．

長野県木曽町が学生の実習のために開いた模擬記者会見．
取材に応じる田中勝巳町長（中央奥の右手）＝2009年8月（撮影：小黒純）

例えば，東京都知事の記者会見
http://www.metro.tokyo.jp/GOVERNOR/KAIKEN/index.htm

発表資料がインターネットで流れても，なぜ記事にするのでしょうか？

「記者クラブ」とは何ですか？

　マスメディアの世界ではお馴染みの記者クラブですが，これほど外部の人には分かりにくい存在は他にないかもしれません．日本新聞協会の定義に従えば，記者クラブとは，公的機関などを継続的に取材するジャーナリストたちによって構成される「取材・報道のための自主的な組織」のことを指します．具体的に説明しましょう．

■取材・報道のための自主的な組織

　全国の警察や裁判所，議会，行政機関，大企業などは，マスメディアにとっては欠かすことのできない取材対象となります．上記の「公的機関など」に該当します．当然のことながら，主要なメディアは担当記者を決め，日常的に取材に当たります．取材する側は自分たちがまとまっていれば，記者会見を設定するなどして，公的機関の側から話を聞きやすい．一方，取材される側として，これらの公的機関は，伝えたい情報を効率よく提供したいと考えます．バラバラに取材に来られるよりも，一度に，1カ所でまとめて情報を流した方が，都合がよいというわけです．

　このような背景から出来上がったのが，記者クラブという「取材・報道のための自主的な組織」です．例えば，東京であれば，桜田門の警視庁や，霞が関にある東京地裁，各中央省庁，西新宿の東京都庁などに，記者クラブが置かれています．地方であれば，県庁や県警，県議会，地方裁判所といった，いずれも大きな取材対象となるところにあります．

　これらには通常，広報課や広報室など報道対応をする部署のすぐそばに，記者室と呼ばれるスペースが確保されています．机や椅子，ソファー，コピー機，電話，ファクスなどが置かれています．記者室を担当する職員を配置している組織もあります．記者室は本来，取材する人たちのために開放されたワーキング・ルームです．しかし，多くの場合，実際は当該公的機関のために組織された記者クラブが独占的に使っています．そこで，庁舎内ではスペースとしての記者室の

ことを,「記者クラブ」と呼ぶことがしばしばあります.

　大規模な記者室になればなるほど,各社が利用するスペース,つまり机が決まっています.警視庁や東京地裁の記者室は,天井までのパティーションで区切られ,他社の記者が立ち入ることができません.

■主要メディアの担当記者で構成

　構成メンバーは,日本新聞協会加盟社とこれに準ずる報道機関から派遣された記者が中心になっています.つまり,新聞やテレビといった主要なマスメディアが送り込む担当記者だと考えればよいでしょう.

　なるほど,マスメディアが必要に応じて組織した自主的な組織ですが,新聞やテレビの記者個人が,この記者クラブに入りたいから入る,入りたくないから入らない,と決めているわけではありません.どの記者が当該記者クラブに所属するかは,あくまで新聞やテレビという組織が決定しています.例えば,経済部に所属している記者が部長から「来月から経済産業省を担当してもらうから」と言われれば,来月からは自動的に「経済産業省」の記者クラブに入り,その記者室で仕事をすることを意味しています.

　日本における記者クラブは,明治時代にその原型が生まれ,大正時代に入ってから本格的なものが出来上がったと言われています.1939(昭和14)年には,東京には主要なクラブが80以上もあったそうです.現在では全国に800から900ほどの記者クラブがあると言われています.しかし,日本新聞協会でさえ詳細な調査を行っておらず,どの公的機関にどのような記者クラブが存在するのかをはじめ,各記者クラブに加盟しているメディアの数,所属する記者の人数さえ,正確に把握していないというのが実態です.

CHECK! 魚住昭『官僚とメディア』アスキー(角川 One テーマ 21), 2007年.

QUESTION! 記者クラブが廃止されたとします.取材する側としてどのような不都合があるでしょうか? 一方,取材される側にはどのような不都合があるでしょうか?

41 記者クラブ制度にはどんな利点があるのでしょうか？

　記者クラブの問題は日本のジャーナリズムについて考える上では，避けて通れないテーマの1つです．既に多くの問題点が，報道機関の内外から指摘されており，「記者クラブ問題」と呼ばれています．

■記者が結集して情報開示を迫る

　記者クラブが存在することによって，記者を送り込むマスメディアにはどのような利点があるのでしょうか．次のような点が指摘されています．

① 記者が結集して，公的機関が公開を拒む情報について開示を迫ることができる．
② 記者室に記者が常駐することで，公的機関から得た公的情報を迅速・的確に報道することができる．
③ 公的機関の中に居続け，公権力の行使を監視することができる．
④ 捜査機関の記者クラブでは，誘拐事件での報道協定を結ぶなど，人命や人権にかかわる取材・報道上の調整機能を果たすことができる．
⑤ 市民からの情報提供の窓口，および発信の場となることができる．
⑥ 取材の狙いが同じ記者同士なので取材活動がスムーズにいく．
⑦ 記者会見を主催し，取材を主導することができる．
⑧ 記者クラブ内の自由な競争を通じて記者が育つ．

■記者クラブがなくても記者は育つ？

　これらを利点だとする見解がある一方で，本当に利点と言えるのかどうか，疑問視する声もあります．1つずつ検討してみましょう．
　①について，現在のような記者クラブがなければ，公的機関側に圧力がかけられないというのは本当でしょうか．米国のメディアは日本のような記者クラブを組織していないが，政府に対峙する姿勢や圧力ははるかに強い，といった指摘もあります．また，記者クラブがなくても，個々の問題に応じてマスメディア同士

が協議して情報開示を要求するという形も可能なはずです．

また，②については，各マスメディアに対して一斉に発表するような内容であれば，インターネットを通じて発表すれば済むことなのかもしれません．記者室で紙の資料を配るという方法しかなかった時代とは，明らかに環境が変わっています．

③については，公的機関に常時出入りし，記者室を利用しながら取材していれば，同じことではないかという反論は可能です．また，記者クラブのメンバーが記者室に常駐しているとしても，そのことだけで直ちに「公権力の行使を監視することができる」と言い切れないのは明らかです．

⑤は，市民が情報発信をする場となり得るという見解です．しかし，別の項目でいくつもの例を紹介しているように，記者クラブを通さずとも，市民は情報を発信するツールや場所を持てる時代になりました．また，市民が記者会見を希望する場合は，公的機関が記者室や記者会見室の利用を認めればよいのであって，記者クラブが介在する必要はありません．

⑥については，そもそも「取材活動がスムーズにいく」とはどういう状況を指すのか．記者クラブが存在しなくても，マスメディアによる公的機関への取材は円滑に行われなければならないのが，あるべき姿と言えるでしょう．

⑦については，公的機関が記者会見室での記者会見（例えば大臣や知事の記者会見）を行う場合，多くは記者クラブ側が主催しています．しかしながら実態としては，司会・進行も含め，公的機関側が主導していることは明らかです．「時間の都合で質問はあと1つにします」などと記者会見を仕切っているのは主催している記者クラブ側ではなく，公的機関側です．記者クラブが存在すれば「取材を主導することができる」というのは，そもそも実態に即した主張ではありません．

⑧については，狭い業界内の理屈であると言えます．諸外国では日本のような記者クラブが存在しなくても，立派なジャーナリストが育っています．

原寿雄『ジャーナリズムの思想』岩波書店（岩波新書），1997年

記者クラブが廃止されたとすると，公的機関側にはどのような不都合があるでしょうか？

記者クラブ制度には何か弊害があるのでしょうか？

　記者クラブはそのメリットが強調される反面，外部からはさまざまな弊害が指摘されています．

■**外国の報道機関や雑誌の記者を排除**──────
　① 閉鎖性・排他性
　記者クラブに加入できるメンバーを，特定の報道機関の記者に限定してしまい，その結果，公的機関からの情報を独占してしまうことを指します．日本新聞協会に加盟していないなどの理由で，外国の報道機関，雑誌，政党機関誌，宗教新聞などの記者を排除してきた経緯があります．近年は以前に比べ，門戸が開かれてきたと言われています．
　② 記者室の独占
　公的機関が設置した記者室を記者クラブが独占していることを言います．つまり，記者室は記者クラブに加入している記者以外にも広く開放すべきであるという主張です．長野県の田中康夫元知事は，2001年に「脱・記者クラブ宣言」を発表し，県庁内で記者クラブが独占していた記者室を廃止しています．
　③ 公的機関からの過剰な便宜供与
　公的機関が報道機関に記者室というスペースを提供するだけでなく，それに付随する光熱費や通信費，新聞購読代などの諸経費を負担している問題を指します．さらには，幹部職員との懇親会などの経費を公的機関が負担していることがしばしば批判されてきました．
　なお，記者室の無償提供への批判に対しては，〈メディアやジャーナリストは，市民の知る権利を充足させるという公共的な役割と活動のゆえに，市民の公共財産の一角に取材場所の確保を求める憲法上の正当な根拠が十分認められるというべきである〉（田島泰彦「記者クラブをどう考えるか」『マスコミ市民』2001年9月号，7頁）などの見解があります．
　④ 公的情報への依存・密着

記者クラブに常駐していると，公的機関からの情報を無批判に記事にしてしまう傾向が強まるという指摘です．大量に提供される情報を，半ば機械的に処理して記事にする，いわゆる"発表ジャーナリズム"になりさがってしまうという批判です．また，公的権力の身近にいるために，権力監視機能が低下し，権力にとって都合のよい記事内容になりやすいことも指摘されています．いわゆる「公権力との癒着」という問題です．

■記事の内容が似通ってしまう

⑤ "横並び"体質

記者クラブにおいては，どの社も同じように取材し，報道するのが基本的な仕組みになっています．取材の面での，極端な例は，いわゆる「黒板協定」です．これは，取材と報道は自由競争が原則であるのにかかわらず，記者クラブが取材源との間で，報道の"解禁"について取り決めを結ぶ場合を指します．報道の面では，上記④とも関連して，どの社の記事も似たり寄ったりという"横並び報道"になってしまうことが指摘されています．

⑥ 安易な取材活動

上記⑤に関連することですが，記者クラブに入っていれば，他社に後れをとることはまずありません．記事にすべき情報は，公的機関からあふれるように流れてきます．元鎌倉市長の竹内謙氏は，こうした環境に安住してしまう記者を，〈渓流を遡って餌を探すことができない養殖アユ〉にたとえて批判しています．

⑦ 過剰な特ダネ競争

上記⑥とは逆に，マスコミ業界にしか分からないような，読者を無視した過剰な特ダネ競争が行われることがあります．一例としては，警察がいつ容疑者を逮捕するかというタイミングだけを競う取材と報道を挙げることができます．

CHECK! 上杉隆『ジャーナリズム崩壊』幻冬舎（幻冬舎新書），2008年．

QUESTION! 記者クラブがなくなると，新聞やテレビが伝えるニュースの項目や内容が変わるでしょうか？

なぜメディアは大勢で取材に殺到するのでしょうか？

まれに見るメディアの過熱した取材ぶりが，テレビの映像で流れました．2009年11月10日夜．英国人の英会話講師（当時22）の死体遺棄容疑で全国に氏名手配されながらも，2年7カ月にわたって逃走を続けたI容疑者（30）が，大阪市内で逮捕されました．整形手術を受けた写真が公開されて5日，事件は急展開しました．これまでなぜ見つからなかったのか，どのように容貌が変わったのか．とにかくI容疑者に近づき，容貌をとらえたい．メディアの思いはみな一緒でした．

■逃亡961日の取材パニック

I容疑者は新大阪駅から東京へ移送されることになりました．駅のホームには100人を超えるメディアの報道陣が殺到．午後9時20分，「押すな」「どけ」などの罵声が飛び交う中，取り囲む捜査員とI容疑者がもみくちゃになりながら，乗降口へ．I容疑者は頭から黒いジャンパーをかぶっているため，表情が見えません．それでも，カメラのすさまじいフラッシュが光ります．上空からはヘリコプターが撮影．新幹線が出発してからも，容疑者が乗った13号車の多目的室前には，何人もの記者とカメラが取り囲みました．中には車内から記者が生中継するテレビ局も現れました．

この段階で，読売新聞のカメラマンがI容疑者のジャンパーの中にカメラを通して，表情を撮影．ウェブサイトに掲載されたため，余計に各社の取材競争に拍車を掛けることになりました．

午後11時45分，新幹線が東京駅に到着．200人以上の取材陣が待ち受けていました．混乱を避けるため乗客を全員降ろした後，捜査員はI容疑者を13号車から先頭の16号車に移動．ホームではロープが張られ，取材陣と野次馬のカメラが待ちかまえていました．しかし，I容疑者がホームに降り立った瞬間から大混乱に．「危ない，下がれ」．われ先にと報道陣のカメラがなだれ込みます．「キャー」という女性の叫び声も．人と人とが激しくぶつかり合いながら下りエスカレーターへ．I容疑者が乗り込んだ警察の車には，30人近くが取り囲みました．車が動き出す

と，捜査員の制止を振り切って，取材のカメラが飛び出す．この繰り返しが続きました．

　千葉県警行徳署へまでは，メディアのバイクが追走し，その模様を上空からヘリコプターのカメラが映し出します．赤信号で車が停止すると，バイクからカメラマンが降りて，ガラス越しにストロボを光らせる．行徳署前は土砂降りの雨に．多数の報道陣がＩ容疑者の姿をとらえようと警戒線を越え，車の行方を何度も遮りました．

　深夜のニュース時間に重なったNHKや一部の民放テレビ局は，生中継を交えて，こうした現場の様子を報道し続けました．

■制止振り切った取材で逮捕者も

　2日後の送検でも行徳署前には300人近くが取材に集まりました．テレビ局のディレクターが規制線を乗り越え，警察官の制止を振り切ってＩ容疑者の車に詰め寄ったため，公務執行妨害の現行犯で逮捕される事態に発展しました．このような形の報道関係者逮捕は「おそらく初めて」（警察庁幹部）といいます．

　警察側の対応について，広報担当の警視庁幹部は次のように話しています．「県警側としては撮影に最大限の配慮をしたのに，信頼関係が裏切られた，と考えざるをえなかったのだろう．整然と取材してもらった方が，結果的にいい取材ができるはずだ」（朝日新聞2009年11月14日朝刊）．

　なぜ，メディアはこれほどまでの取材合戦を繰り広げたのか．筆者の記者経験からすれば，現場の取材者にはいろいろな気持ちが入り混ざっていたことでしょう．「混乱は必至だが取材したい」，「Ｉ容疑者の表情を絶対にとらえたい」，「他社には負けられない」，「読者・視聴者の関心に応えたい」，「デスクに叱責されたくない」……．そんな思いが何人もの取材者にも重なった結果が，大混乱を招いたと言えるでしょう．

梓澤和幸『報道被害』岩波書店（岩波新書），2007年．

読者・視聴者として過熱した取材をどう受け止めますか？

44 MEDIA SCRUM

「集団的過熱取材」を抑えられるのでしょうか？

　前項では，2年7カ月逃走していた容疑者が逮捕・送検された際，メディアが大挙して取材に殺到した様子を紹介しました．こうした"大騒ぎ"が「メディア不信の一因になっている」と指摘される中，対応策はどうなっているのでしょうか．

■メディア・スクラム

　1998年7月に発生した和歌山毒物カレー事件では，直後から犠牲となった住民や関係者，それに実行犯（2009年4月，最高裁で死刑が確定）らへ取材が，狭い地域に長期間張り付く形で行われました．プライバシーが侵害されるなど，平穏な市民生活が妨げられました．

　こうした集中豪雨型の取材と報道は，以前から繰り返されてきました．1989年夏の連続幼女誘拐殺人事件や，1994年の松本サリン事件，1995年の阪神・淡路大地震，地下鉄サリン事件，1997年の神戸連続児童殺傷事件など，いくつもの事例があります．そのたびにメディアに対する批判の声が上がりました．

　度重なる問題を受け日本新聞協会は2001年になって，集団的過熱取材（メディア・スクラム）を次のように定義しました．

　「大きな事件，事故の当事者やその関係者のもとへ多数のメディアが殺到することで，当事者や関係者のプライバシーを不当に侵害し，社会生活を妨げ，あるいは多大な苦痛を与える状況を作り出してしまう取材」．

　また「少数のメディアによる取材である限り逸脱した取材でないにもかかわらず，多数のメディアが集合することにより不適切な取材方法となってしまうもの」と，説明しています．だからこそ「被害者，容疑者，被告人と，その家族や，周辺住民を含む関係者」は保護されねばならず，「中でも被害者に対しては，集団的取材により一層の苦痛をもたらすことがないよう，特段の配慮がなされなければならない」ことは議論の余地がありません．

■現場で関係各社が協議を

　対策としては，最低限の遵守事項として，次の3点を挙げています．

① いやがる当事者や関係者を集団で強引に包囲した状態での取材は行うべきではない．相手が小学生や幼児の場合は，取材方法に特段の配慮を要する．
② 通夜葬儀，遺体搬送などを取材する場合，遺族や関係者の心情を踏みにじらないよう十分配慮するとともに，服装や態度などにも留意する．
③ 住宅街や学校，病院など，静穏が求められる場所における取材では，取材車の駐車方法も含め，近隣の交通や静穏を阻害しないよう留意する．

　集団的過熱取材が発生した場合は，現場レベルや最寄りの記者クラブ，報道各社の支局長会などで，「社ごとの取材者数の抑制，取材場所・時間の限定，質問者を限った共同取材，さらには代表取材など，状況に応じ様々な方法」を協議するよう求めています．

　実際に取材各社の協議が実を結んだケースはいくつもあります．しかし，事件や事故の発生直後は，話し合いの場を持つ時間的余裕がないというのが実態です．

報道陣の過熱した取材ぶりを伝える週刊誌
(「週刊文春」2009年11月19日号，11月26日号) (写真は加工処理してあります)

CHECK! 日本新聞協会のHP (http://www.pressnet.or.jp/) に掲載されている「集団的過熱取材に関する日本新聞協会編集委員会の見解」「集団的過熱取材対策小委員会」の設置要領など．

QUESTION! 集団的過熱取材の中で，取材する1人になったなら，どのようなことに気をつけますか？

45 News Gathering Gear-Then And Now

取材の「7つ道具」とは何でしょうか？
（昔といま）

　大手新聞社の記者が取材のために持ち歩いているバッグの中身を，特別に見せてもらいましょう．携帯電話はジャケットの中，身分証明書カードと自分の名刺が入った名刺入れは，シャツの胸ポケットにしまっています．

　バッグを開けると，小型のノートパソコン，デジタル・カメラ，ICレコーダー，メモ帳（ノート），筆記用具（ボールペンなど），地図帳，記者腕章，ファイルに挟んだ紙の資料，財布，折りたたみの傘，ペットボトルなどが詰め込まれています．その他，パソコンのケーブル類や，各種バッテリーの充電器，USBメモリーなど，デジタル機器関連のものが入っています．

■原稿用紙に手書きで ─────────

　筆者が駆け出し記者だった1987年には，携帯電話も，ノートパソコンも，電子辞書もありませんでした．携帯電話の代わりに持たされていたのがポケット・ベルでした．最初のころは，ただ音が鳴るだけのものでした．その後，ディスプレーに相手先の番号が表示されるようになりました．

　呼び出されるのは，あまり気分のいいものではありません．まず，公衆電話を探し，なければ店舗や事務所の電話を借りて，支局に電話を入れます．「ポケベルが鳴りましたが」．たいていは，事件や事故が発生したという知らせ．「○○署管内で火災，延焼しているようだから現場に行って」などと指示を受けます．

　また，原稿を送った直後は，デスクなどから問い合わせがあります．いくら説明しても，なかなか納得が得られず，再取材を強いられたこともありました．

　最悪なのは，同業他社に「抜かれているぞ」という連絡です．つまり，担当分野に関する記事で他社に先行されているので，すぐに確認せよ，という指示です．支局内も他社に先んじられてイライラが募っています．スクープ記事の中身を詳しく教えてもらえないまま，ガチャンと電話を切られたことは一度きりではありません．

■原稿を電話口で読み上げる "勧進帳"

　誰かと対面して取材をする際，必ずしも椅子と机が用意されているわけではありません．立ったまま，メモ帳か小型のノート（大きくてもB5判）にボールペンか鉛筆でメモすることになります．このスタイルは20年前も今も変わりません．最近では，メモ帳を持つ手に，ICレコーダーも一緒に握りしめ，相手の発言を録音することもあります．

　雨の中の取材は，両手がふさがっているので傘を差すことができません．傘の柄を脇に挟み，頭や首で支えても，メモは雨粒にさらされ，悲惨な状態になってしまいます．

　ともかく取材が終わったら原稿の作成に取りかかります．当時は1行15文字で5行の小型の原稿用紙に向かい，修正しやすいように，1行おきに書いていました．電子辞書がないので，記者ハンドブックや小型の辞書も参照用に持ち歩かなければなりませんでした．用紙1枚に3行だけ書き入れ，数枚をしたためて，取材先から支局へファクスで送っていました．

　ファクスの開発が始まったのは1949年ごろ．実用化されたのは1957年でした．しかし，当初は故障が多く，受信中に紙が燃えたこともあったようです．

　送信したいのにファクスが近くになければ，電話で記者を呼び出し，「吹き込む（読み上げる）ので，原稿を取ってください」とお願いするしかありませんでした．このスタイルを "勧進帳（かんじんちょう）" と呼んでいました．これは歌舞伎十八番の勧進帳に由来します．受け手がベテラン記者だと，少しずつ上手な表現に言い換えてもらい，かえって原稿の出来映えがよくなることもありました．

CHECK！　加藤秀俊『取材学－探求の技法』中央公論新社（中公新書），1975年．

QUESTION！　手のひらサイズのメモ帳と，ノート（B5判，A4判）の長所と短所をそれぞれ挙げてみましょう．

46 取材の「7つ道具」は何でしょうか？
（パソコン編）

　取材の「7つ道具」に間違いなく選ばれるのはノートパソコンでしょう．記者がノートパソコンを持ち歩くようになったのは，1990年代の後半のことです．

　それよりも前に，手書きからワープロに変わったのは1985年ごろです．ワープロは「ワード・プロセッサー」の略．文書を作成し，印字する機能を持っていました．文書作成ソフトのごく基本的な機能だけを備えていました．最大の欠点はディスプレーが小さいことでした．

　実用的には，短い文書を作って，手紙やビジネス文書の形に印刷するというのがせいぜいでした．ということで，原稿を書く際にワープロを使ったとしても，紙に印字して，ファクスで送信しなければなりませんでした．それならば原稿用紙に記事を書いた方が速いくらいです．

　原稿送信のスタイルが劇的に変わるのは1996年に，パソコンが本格的に用いられるようになってからです．デジタル化したデータを，当初は一般電話回線で，後にはLAN回線や携帯電話を使って送るようになったのです．

■記事の作成に大きな変化

　ノートパソコンは記事作成に大きな変化をもたらしました．

　まず，書き直しが非常に簡単になりました．かつては，ある程度，文章の流れを予め考えておかなければ，何度も消しては書き直す羽目に陥りました．ところが，パソコンで文書を作るのであれば，とりあえず思いついたところから言葉を打ち込むというスタイルが可能です．

　また，記事作成用の辞書がインストールされていれば，気になった表記に出くわした際，いちいち手元の辞書を引かずに済みます．例えば，「羽を広げる」なのか「羽根を広げる」なのか，薬が「利く」なのか「効く」なのか．正しい用字用語の使い方は，すべてパソコンに格納された電子辞書が教えてくれるようになりました．略語についても同様です．例えば，初出で「新聞労連」と打ち込めば，自動的に「日本新聞労働組合連合（新聞労連）」と変換されるようになっています．

「共同通信の記者ハンドブック辞書」のソフトウェアは市販されており，ノートパソコンなどにインストールすれば，文章作成の手助けをしてくれます．わざわざそのために重たい辞書を持ち歩く必要はありません．

さらに，いわゆる記事の「ひな形」を手元に用意しておくことができるようになりました．例えば，交通事故や地震など，記事の書き方がほぼ決まっているものは，時刻や場所などが空欄になった「ひな形」を呼び出し，データを入れるだけで原稿をほぼ完成させることができます．

原稿を受け取ったデスクも，画面上で直せるようになりました．校閲（校正）機能が入っていれば，新聞記事では使わない表現や用語，誤字脱字などは，すべて特別な記号や色で知らせてくれます．

記事作成の上では極めて便利な時代になったと言える反面，パソコンの機能に頼りすぎると，過った表現を見落としてしまうことになりかねません．最後は人間の目に勝るものはありません．

■現場でインターネットに接続

無線LANが走っていれば，世界中どこからでも原稿を送ることができるようになったということは，インターネットからも情報を得られることを意味します．事件や事故，自然災害などので，規模が大きくなればなるほど，全体の状況が気になります．そんなとき，ノートパソコンとLAN回線さえあれば，公的機関のサイトからブログまで，さまざまな情報を取材現場にいながらキャッチすることができます．

情報を送る面でも，情報を得る面でも，ノートパソコンは記者にとって必須のアイテムと言えます．

海外メディアのチェックも記者の重要な仕事

野村進『調べる技術・書く技術』講談社（講談社現代新書），2008年．

取材でパソコンを使う際，気をつけるべきことは何でしょうか？

47 取材の「7つ道具」とは何でしょうか？
（カメラ編）

　ノートパソコンと並んで，取材の「7つ道具」から絶対に外せないのはカメラです．「記事は後からでも書けるが，写真はその瞬間を逃したらおしまい」．新聞記者が求められる仕事は，記事と写真です．筆者が新人記者のころは，休日でも小型カメラを肌身離さず持て，と言われました．今でこそ，町を歩く大半の人がカメラ付きの携帯電話を所持していますが，携帯電話が普及する以前，カメラは旅行の時くらいにしか持ち歩かないものでした．

■戦争や五輪を節目に技術が進歩

　報道写真の技術は，戦争やオリンピックなど世界的な出来事を節目に進歩してきたと言われています．ごく簡単にその歴史を振り返ってみましょう．

　朝日新聞で初の報道写真は1904年9月30日までさかのぼります．日露戦争に従軍していた記者が同月1日に，遼陽戦で撮影したフィルムを輸送し，約1ヵ月かかって紙面化されました．

　写真が電送されるようになったのは，1928年．東京で行われた大学野球の写真を大阪に送るなどの展開が始まりました．

　カラー写真は戦後になってから．1951年8月，甲子園球場で開かれた高校野球の開会式の模様が，翌日の紙面にカラーで掲載されました．撮影から印刷までは約13時間かかっています．

　それ以降の技術的な進歩は目覚ましく，1984年の米国ロサンゼルス五輪で電子カメラが使われるようになりました．聖火ランナーの写真は撮影後約10分で現地から東京へ送られてきました．

　2008年8月の北京五輪では，撮影から約3分後には，超高画質の写真が紙面に掲載されるまでになりました．

　このように振り返ると，技術的な進歩が紙面を変えてきたと言えるでしょう．それだけ，写真は記事以上に，読者に与えるインパクトが大きいことが分かります．撮影した瞬間に世界中に送信される時代が到来するのも間もなくでしょう．

電子カメラの性能と送信技術が行き着くところまで来ている中，どんな場面や表情を切り取るか，ますます撮影者の力が問われることになります．

■撮れているか分からない不安 ────

　筆者が駆け出し記者のころ，高嶺の花だった一眼レフのカメラを与えられ，プロ専用のストラップを付け，肩からぶら下げていました．大きなストロボとモノクロ・フィルムも一緒に携帯しました．誇らしげに抱えていたものの，入社前に特別な講座を受けたわけでもなく，腕前は素人と同レベルでした．先輩記者からは「上下左右，引くか迫るか，考えられるすべてのアングルで撮っておけ」と言われたものです．

　当時持たされていたのはデジタル・カメラではなく，フィルムの一眼レフでした．支局に暗室があり，自分でモノクロ・フィルムを現像していました．露出を間違ったり，ぶれていたり．現像が上がるまで，使い物になる写真が撮れているかどうかが分からず不安でした．

　ところが，デジタル・カメラならば，撮った瞬間に出来映えを確認することができます．これが現在と当時とでは決定的に異なる点です．それだけ，フィルムの時代は一瞬を逃さぬように神経を研ぎ澄ましていたと言えなくもありませんが．

　当時は予備のフィルムを何本も持ち歩いていました．フィルム1本で最大36コマ．今は指先ほどのメモリー・カードに何百枚ものコマを収めることができます．

CHECK! 徳山喜雄『フォト・ジャーナリズム』平凡社（平凡社新書），2001年．

QUESTION! 自分が普段撮影しているスナップ写真と，新聞に掲載されている報道写真とではどう違うでしょうか？

取材の「7つ道具」とは何でしょうか？
（携帯電話編）

取材の「7つ道具」の最後は携帯電話です．事件や事故が発生した際に，現場から携帯電話を使って，短い記事なら送ってしまう．インターネットから情報を集めると同時に，記者同士で最新の情報交換も行う——．そんな時代がすぐそこまで来ています．

■文字を打たずに記事を作成

取材で携帯電話が使われるようになったのは1980年代終わりのことです．といっても，現在のように手のひらに収まるサイズではありません．肩から掛けるショルダーフォン（左の写真）と呼ばれるもので，充電のバッテリー部分は非常に重いものでした．次に登場したのが，レンガを持ち運んでいるような携帯電話（右の写真）でした．利用料も高く，仕事で持ち歩く人でさえごく少数でした．その後，携帯電話のサイズは小さくなっていくとともに，格段に多機能化し，目覚ましい進歩を遂げました．ここ数年は，通話機能だけではなく，電子メールやインターネットの機能が取材にも使われるようになっています．

富士通が開発している「取材編集支援システム」は，記者が持っている携帯電話をフルに活用しようというものです．事件や事故，火災などの「発生もの」を速報する際には，記事作成の画面を呼び出すと，いつ，どこで，何が，どのように，という記事の構成要素を尋ねてきます．例えば，出来事の種類として「交通事故」を選択すると，「場所」の質問へ．「都道府県名」を選択すると，次は「市町村名」，そして「主要道路名」と，画面が切り替わります．カーソルを移動させて確定ボタンを押すと，次々に選択肢が絞られていきます．

「被害者の数」「被害の程度（死亡／重体／重傷など）」などについても同様に選択

していくと同時に，速報記事のサンプルがいくつか出来上がっていきます．すべてのデータを入力すると，最終的には数個のサンプル記事が並び，この中から最もふさわしい記事を選択すれば完了です．親指を使って文字を打ち込むことなく，携帯電話で記事を作成し，送信することができます．秒単位で争う速報では威力を発揮することでしょう．

■ **現場の記者からの最新情報を一覧**

　大がかりな取材では，取材現場が分散します．本社サイドでは各現場からの情報を吸い上げることができます．ところが，現場の記者はそれぞれが取材の最前線にいながら，全体像が全然見えないということがしばしば起こります．携帯電話を用いた「取材編集支援システム」は，こんな時にも役立ちます．

　本社サイドは携帯電話のメール機能を使って，現場の記者に指示を与えます．それと同時に，背景知識としてこれだけ読めば分かるという，過去の記事を厳選して送ります．また，インターネット上で最も参考になるウェブサイトのURLを張り付けます．こうしておけば，現場の記者が別々に情報を検索する必要はありません．

　その一方，当該事件専用の掲示板を立ち上げます．ここに各現場から記者が最新の情報を寄せます．「Nホテル前，○○議員が出てくる」，「議員会館で家宅捜索始まる」，「○○議員の自宅マンションは明かりなし．報道陣は約40人」，「東京地検の会見は午後10時から」……．こんな情報が掲示板に次々とアップされると，全体の大きな動きを瞬時につかむことができます．

　ノートパソコンは両手が（多くの場合ひざも）ふさがってしまい，立ったまま，しかも悪天候の中での取材では使えないことがあります．携帯電話は取材のツールとしてますます広がりをみせることでしょう．

永江朗『インタビュー術！』講談社（講談社現代新書），2002年．

取材における携帯電話の欠点は何でしょうか？

49　　　　　　　　　　　　　　　　　VIDEO PREPRODUCTION

映像をつくるには，まず何から始めたらよいのでしょうか？

みなさんの中には，映像を見るだけではなくて，自分でもつくってみたい，という人がいるでしょう．映像には大きく分けて 2 つのタイプがありますね．1 つは自分や仲間が見て楽しむもの（旅の記録など），もう 1 つは，他人に見てもらうものです．ここでは後者についてお話ししましょう．

■映像づくりの流れ

① 企画と事前準備，② 撮影と編集，③ 発表と振り返り——この順番で作業は進みます．よく②が終わって力尽きたり，満足したりする学生がいるのですが，最終の目的は③ですからお忘れなく．もしこれにもう 1 つ付け加えるとすれば，④ 報告とお礼，でしょうか．撮影などでお世話になった方や組織に，完成の報告と，協力に対するお礼を行いましょう．疎かになりがちなので，気をつけてくださいね．

■とにかく「自分らしさ」を

映像制作というと，どうしても②に興味も注意も行きがちになるのですが，みなさんが映像をつくる際に一番大事になるのは①です．それぞれの作業量を比率で表すなら，① 50％，② 30％，③ 10％，④ 10％くらいでしょうか．①の比率がさらに高くなる場合が多々あります．

企画をする際に最低限盛り込んでほしいのは，「作品名」，「作品概要（5W1Hを盛り込む）」，「制作意図（作品によって何を訴えたいのか，どのような影響を社会に及ぼしたいのか）」，「視聴者層」「作品の長さ（尺）」です．これらを「企画書」（A4に1枚程度）に文章で書いていきます．

企画で重要なのは，何と言っても独創性（オリジナリティ）です．「自分たちにしかつくれないもの」，「自分たちだからこそつくれるもの」は何なのかを徹底的に考えてください．

学生たちの企画会議をのぞくと，「○○テレビでやっている△△（番組名）みたいな感じでつくりたい」という意見を耳にします．しかし，そうであるならわざ

わざつくる必要はないのです．最近は芸能人の私生活を暴露するような番組が多く，「その学生版をやろう！」などというアイデアもよく出ます．考えてみてください．見ず知らずの他人の私生活を延々と語られたところで，見る側にとっては苦痛でしかありません．

芸能人も登場しない，セットにも小物にもお金がかけられない，技術的にもプロには及ばない，そうなったら，アイデアで勝負するしかありません．逆に言えば，発想や視点が優れていれば，多少技術的には未熟でも，見る人を唸らせる作品づくりは十分に可能になるのです．

企画書は，メンバーで一言一句議論し，合意を重ねながら書き進めてください．メモ程度では心配です．事前準備の段階で，各メンバーはさまざまな人や組織を相手に，自らの作品について説明をしなければなりません．電話やメールで関係者に話を聞いたり，撮影場所の使用許可を申請したりします．

内容がはっきりとした企画書でなければ，各メンバーの発言にブレが生じてしまいます．撮影に入った際に，メンバー間や，撮影協力者との間で理解の相違ができないように，きちっと文章にしておくことが重要です．事前準備をするにつれて，企画内容に変更が生じることがありますが，その際には正確に情報を共有し，文章に反映させるようにしましょう．

「視聴者層」とは，「どんな人たちに一番見てほしいか」ということです．例えば子どもに見てもらいたい作品なら，字幕に難しい漢字は使えません．お年寄りに見てもらいたい作品なら，ナレーションは少しゆっくりとした方がよいでしょう．使用するBGMも変わってきます．同じテーマの作品であっても，誰に一番届けたいのかによって，つくり方やつくる上での工夫が異なってきます．ですから事前に決めておくことが大切なのです．

Ⓜ

白石草『ビデオカメラでいこう』七つ森書館，2008年．

「作品の長さ」を事前に（ある程度）決めておくのはなぜでしょうか？

50　VIDEO EQUIPMENT

映像をつくるには，どんな機材が必要ですか？

　プロが使用する映像機材は，とてつもなく高価で，そう簡単に手が出るものではありません．が，最近は家庭用の映像機器でも，かなり高品質な収録が可能となってきました．ここでは，撮影と編集に分けて，それぞれ必要最低限と思われる機材を紹介していきます．①三脚，②ビデオカメラ，③外付けマイク，④ヘッドフォンの4点がまず必要になります．

■撮影編────────

　さて，まず何と言っても①の三脚です．「えっ，カメラじゃないの？」と思われるかもしれませんが，三脚の重要性を強調するために，この順序でお話します．人間はじっとしているつもりでも，実はユラユラ揺れています．でも，日頃景色を見ているとき，それは揺れたり，斜めに傾いていたりしませんね．これは，人の視覚と脳がいろいろと自動的に調節をしてくれているからです．

　ところがビデオカメラは，それを持っている人間がユラユラすれば，そのままユラユラした映像を記録してしまいます．これを後でテレビなどの画面で見ると，とっても疲れ，せっかくのストーリーに集中できなくなってしまいます．ですから，映像を撮る際には，できるだけしっかりした三脚を使うようにしてください．スペースや機動性の問題で三脚を使う余裕がない時には，「一脚」を使うだけでもずいぶん画面が安定します．

①～④を使用したときのイメージ

次に、②のビデオカメラですが、家電量販店などで売っている10万円前後のカメラで大丈夫です。③の外付けマイクをつなぐことができるカメラがお薦めです。映像というと、音の収録に対する意識が疎かになりがちです。でも、口がパクパク動いているのに、肝心の話の内容が聞き取れない、というのは大きなストレスになります。そこで小さな音でも確実に拾う外付けマイクが必要になります。

外付けマイクを使うにしても、ビデオカメラの内蔵マイクを使うにしても、なるべく音源に近づいて撮影するようにしましょう。これは画質の点でも効果があります。被写体と離れたままズームに頼ると、ぶれやすくなりますし、画面が暗くなったり、粗くなったりします。

それから、特に外付けマイクをつないで撮影する際に重要なのは、自分が意図した通りの音がちゃんととれているかを、④のヘッドフォンを使って確認することです。ヘッドフォンの差し込み口が用意されているビデオカメラをお薦めします。

■編集編

基本的には普段から使っているパソコンで映像・音声の編集ができます。パソコンに映像編集用のソフトをインストールすればよいのです。ウィンドウズでもマッキントッシュでも、通常はパソコンを購入した際にすでに無料の編集用ソフトが付属しています。簡単な編集ならこれで済みます。

有料の映像編集ソフトも多数あり、これは「松・竹・梅」の世界です。「梅」は1万円前後、「竹」は3万円前後、「松」は10万円前後でしょうか。「竹」クラスであれば、基本的な機能はほとんど付いてきます。

ビデオカメラの高画質化に伴い、記録した映像のデータ量が大きくなっています。特に最新のカメラで撮影した映像をひと昔前のパソコンで編集するには困ることがあります。撮影に入る前に、それぞれの機器や編集ソフトの説明書などを確認しておきましょう。 Ⓜ

「ビデオSALON」ウェブサイト http://www.genkosha.com/vs/

集会などを撮影する際に気をつけた方がよい点は何でしょうか？

51　VIDEO DISSEMINATION

映像を人に見てもらうには
どんな方法がありますか？

　苦労してつくった映像作品，ぜひ多くの人に見てもらいたいですね．制作の過程を全く知らない人（第三者）からは，制作者が予想もしなかった意見や感想が寄せられることがあります．それらこそが貴重です．次からの作品づくりに活かすべきコメントをたくさんもらえるように，発表の機会を多く創りだしましょう．

■原始的？　だけど充実

　まず一番の基本は，発表会の開催です．会場を借りて，発表用の機材（スクリーン，プロジェクター，スピーカー，マイクなど）を確認し，当日の役割分担（司会，会場の受付，電気の消灯など）とスケジュールを決めましょう．チラシやポスターづくりも大切ですね．

　実はこうした準備をすることで，「私たちは何のためにこの映像づくりに取り組んだのか」という問いに対する答えに近づくことができるのです．撮影に協力してくれた人や団体を招待するとなおよいでしょう．制作者，協力者，オーディエンスが一カ所に集まれば，対話も促進され，より奥行きのある振り返りが可能になります．

　制作した映像をDVDなどに焼いて，学校の友達や先生，家族や親戚に配るのもよいでしょう．他のDVDに紛れてしまわないように，DVDのケースだけではなく，ディスクにも必ず作品名，制作者名，制作年を記入する癖をつけましょう．

■より広く

　現在でしたら，映像の発表にインターネットを使わない手はありません．海外から思わぬコメントが寄せられる可能性もあります．すっかりお馴染みのYouTubeは，自分のアカウントをつくれば，簡単に映像をアップできます．ミクシィ（mixi）のようなソーシャル・ネットワーキング・サービス（SNS）の自分のページに，制作した映像をアップするのも一案です．

　また，ブログの活用もお薦めです．制作グループのブログを開設して，完成した映像はもちろん，制作の様子やエピソードを紹介すれば，訪問者は作品をより

身近に感じられることでしょう．

　これらの方法を試す際に気をつける点は，編集した映像をどんな形式で保存するかです．「flv」「mp4」などさまざまなフォーマットがあり，サービスによって対応しているフォーマットが若干異なります．また，1つのファイルとしてアップできる容量も異なるので，併せて事前に確認しておきましょう．長時間の作品の場合には，いくつかのファイルに分割してアップする必要が生じます．

　また，ケーブルテレビ局を中心に，市民の作品を放送する枠（時間帯や専門のチャンネル）を設けているテレビ局があります．一般に「パブリック・アクセス（public access）」と呼ばれています．米国，台湾，韓国など多くの国や地域で制度化されています．「電波やケーブルなどの放送資源は，国民の公共の財産なのだから，一部の企業やプロだけではなく，広く市民が使えるようにするべきだ」という考えに基づいています．日本ではその制度化を求める取り組みが進められています．

Ⓜ

YouTubeなどの映像共有サイトを通じて，作品を手軽に発表できる．

CHECK! 津田正夫・平塚千尋編『パブリック・アクセスを学ぶ人のために』世界思想社，2006年．

QUESTION! 地元のケーブルテレビ局には，パブリック・アクセスのような仕組みがありますか？

52　INVERTED PYRAMID

新聞記事は「逆三角形」であるべきなのでしょうか？

　新聞記事では，見出しの次に「リード」が置かれ，ニュースとして不可欠な要素が全部含まれています．これがパターン化された「逆三角形」の記事スタイルです．新聞記事に最大の特徴と言ってよいでしょう．では，なぜ「逆三角形」になっているのでしょうか？　本当に「逆三角形」でなければならないのでしょうか？

■最後まで読んでもらえないことを想定 ──────────

　最後まで読んでもらえないことがある．ニュースを送り出すメディアは，そう考えています．

　ニュース記事でなければ，「逆三角形」でない文章のパターンは，さまざまみられます．例えば，「起・承・転・結」や，「序論・本論・結論」という形があります．いずれも，結論が最後に置かれているので，最後まで読まれることが前提になっています．

　まったくその逆で，ニュース記事の読者はせっかちだと考えられています．中には丁寧に記事の終わりまで読む人がいるかもしれません．が，そういう読者ばかりではない．すなわち，途中までしか読まない人たちもいるだろうし，現実にそうだろうというのが，ニュースの送り手の考えです．

　なので，重要な要素から読んでいただく．前菜やスープの後で，メインディッシュを差し出すのではなく，最初に，グリルしたばかりの極上ステーキを提供するのが，ニュースの流儀です．

■シッポは切りやすい ──────────

　新聞の紙面はスペースが予め決められています．深夜に大きなニュースが立て続けに発生しても，翌日の朝刊の紙面を急に増やすことはできません．後から入ってきたニュースのために，紙面を作り替えることもしばしば起こります．

　こうした紙面の差し替えは，新聞ならば整理部の腕の見せ所になります．「瞬間芸」に近い技を見せなければなりません．Ａの記事を70％残し，新たにＢの記

事を 30% 入れる．瞬時にこれを行うには，記事全体をスリムにするのではなく，シッポの部分から落としていきます．

　もし「逆三角形」がきちんとできていれば，このようなやや荒っぽい作業をしても，ほとんど問題は起こりません．なぜなら，重要な要素はすべて見出しとリードに入っているからです．リードが完全な姿を残していれば，見出しを変える必要もありません．

　書き手としては，最初からシッポは切られるかもしれないと想定して，記事を作っておく．そうしておけば，記事を短くされても，重要な部分は確実に伝えることができます．

　「逆三角形」は新聞が発祥して以来，脈々と引き継がれてきた伝統的なニュース記事スタイルと言えます．短い記事が好まれるインターネット時代に入り，その重要性がより高まっています．

新聞 1 面の記事は「逆三角形」が多い

北村肇『新聞記事が「わかる」技術』講談社（講談社現代新書），2003 年．

自分の身の回りに起こったニュースを，見出しだけで伝えてみることはできますか？

53 　　　　　　　　　　　　　　　　　　　　HEADLINE

新聞記事にはパターンはあるのでしょうか？①
（見出し）

　新聞記事は大部分が，頭でっかちの形になっています．つまり，重要なこと，結論が真っ先に来るような形になっています．右ページの図に示されているような，「逆三角形（逆ピラミッド）」をイメージするとよいでしょう．具体的に記事例で考えてみましょう．

■見出し——最も重要な情報を端的に ──────────

　記事には必ず見出しがついています．原則的に，重要な記事ほど見出しのスペースが大きくなります．使われる活字も大きくなります．専門的な話になりますが，「10倍」の活字が最大で，1年に数回という超重要なニュースに用います．字体は明朝体とゴシック体．ゴシック体はニュースの衝撃が強い場合に使うことが多いようです．

　新聞の場合，見出しの内容は，問いかけではなく，答え，つまり結論になります．

　　「アポロ着陸　月に人類」

　朝日新聞1969年7月21日の記事の見出しです．人類の歴史で初めて月着陸船が，月面に無事に着陸したというニュースを端的に報じています．細かい話は抜きにして，見出しはニュースの核心だけ，ガツンと読者に伝えます．

　原則は9文字以内．大きなニュースは数本の見出しが立ちます．新聞社内では整理部という部署が見出しを考えます．

　新聞をデパートに例えてみましょう．デパートのブランドに頼り，客が入ってきました．各階では何でも売っています．目玉商品があることを伝えれば，そのフロアーまで足を運んでもらえるかもしれません．男性用の靴ならこれ，洋食器売り場ならこれ，とお値打ち商品をPRして，客を呼び込みます．新聞ならばこれが見出しの役割です．

■ネット上で重要度増す

　インターネット上ではどうなっているでしょうか．有力なポータルサイトは，ニュースの見出しだけを数本載せるのが一般的です．＠ニフティ（アット・ニフティ）は8本です（2010年2月現在）．新聞とは違い，見出しは1本だけですが，10文字をやや超えています．掲載されているニュースは，硬軟織り交ぜているのが特徴です．こんな具合です．

　「谷垣氏 サイクリングで転倒」
　「韓国射撃場 休憩所で出火か」
　「石川遼 賞金ランク1位を奪回」

　本文まで読ませるには，この見出しだけで利用者にクリックしてもらわなければなりません．見出しだけでは内容が分からなかったり，興味を抱かせなかったりしたら，素通りされてしまいます．

　パソコンのスクリーンでは，新聞のようにページを一覧できません．十数文字の言葉でニュースを伝える．見出しの重要性は増しています．

　このように見出しは，ニュースのポイントをひと言で言い表したものです．記事を書いていて見出しが決まらないとしたら，ニュースのとらえ方自体に問題があるかもしれません．逆に見出しがビシッと決まれば，読者にとっても分かりやすい記事になるはずです．

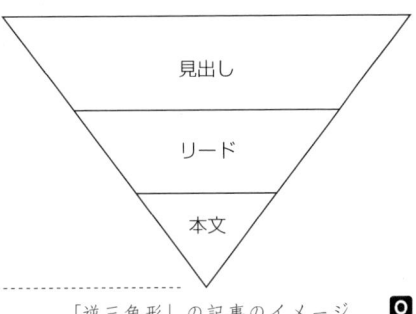

「逆三角形」の記事のイメージ

CHECK! 花田達朗・ニューズ・ラボ研究会編『実践ジャーナリスト養成講座』平凡社，2004年 （特に2章の4）．

QUESTION! 同じニュースの見出しを，新聞で比較してみましょう．優れている見出しはどれでしょうか？　選んだ理由を挙げてください．

54　新聞記事にはパターンがあるのでしょうか？②　　　LEAD
（リード）

　前項では，新聞記事が「逆三角形」になっていること，その中では見出しが最も重要であることを確認しました．

　見出しに次に来るのが，本文の第1段落（パラグラフ）です．紙面上は，見出しのすぐ脇に，数段にまたがるように配置されているケースが多くみられます．普通は数行から，長くても20行程度．この部分を「リード（Lead）」と呼んでいます．

　内容は，どうしても外せないポイントばかりが詰め込まれています．読者にとっては，エスプレッソ並みの濃いコーヒーを飲んで，目が覚めるという感じになるでしょうか．

■リードは骨格
　見出しが頭部ならば，リードは骨格です．太くて丈夫な骨と贅肉を落とした筋肉で，頭部を支えます．ニュースには不可欠な部分で成り立ちます．5W1H（いつ，どこで，だれが，なぜ，何を，いかに）という要素が盛り込まれています．

　具体的な例を見てみましょう（朝日新聞2009年11月12日朝刊）．

　　〈見出し〉
　　　「全事業見直し判定」
　　　「廃止7項目500億円」
　　　「仕分け初日」
　　〈リード〉
　　　来年度予算要求の無駄を洗い出す行政刷新会議は11日，初日の「事業仕分け」を国立印刷局市ケ谷センター（東京都新宿区）で行った．対象23項目のうち農道整備事業（概算要求額168億円）や若者雇用対策の「若者自立塾」（同4億円）など計約500億円，7項目で「廃止」を打ち出した．さらに地方移管や予算の大幅削減なども含め全事業について見直しを求めた．

5W1Hに当てはめてみると次のようになります．

　　いつ：　11日（2009年11月11日）
　　どこで：国立印刷局市ケ谷センター（東京都新宿区）で
　　だれが：行政刷新会議は
　　なぜ：　来年度予算要求の無駄を洗い出す［ために］
　　何を：　「事業仕分け」を
　　いかに：対象23項目のうち…計約500億円，7項目で
　　　　　　「廃止」を打ち出［す形で］

■ 見出しとリードの仲良い関係 ─────────

　このニュースで重要なことは，すべてリードに盛り込まれているはずです．逆にそうでなければ，本当のリードとは呼べません．

　リードと見出しの関係を考えてみると，重要な要素で作り上げたはずのリードの中から，さらに最重要なキーワードを選りすぐったものが見出しになります．

　この例で言えば，見出しを構成するキーワードはリードの中に含まれています．「全事業」「見直し」「廃止」「7項目」「500億円」「仕分け」「初日」．確認してみて下さい．

花田達朗・ニューズ・ラボ研究会編『実践ジャーナリスト養成講座』平凡社，2004年　（特に2章の4）．

見出しを構成するキーワードは，リードの中にすべて入っていますか？ 新聞記事を1つ選び，確かめてみましょう．

55 新聞の見出しは誰がどうやって付けるのですか？

「ノーベル賞　日本人3氏」「素粒子理論　基礎築く」
　朝日新聞の2008年10月8日朝刊は，ノーベル物理学賞に，南部陽一郎，小林誠，益川敏英の3氏が選ばれたことを大きく伝えました．

「民主308　政権奪取」「自民惨敗119議席」
　こちらは2009年8月31日の朝日新聞朝刊，1面トップの見出しです．歴史的な衆議院選挙の結果を報じています．

■「アイ・キャッチ」の役目を果たす ─────

　見出しで記事のポイントが分かる．だからこそ読者は記事を読み進めようと思うのです．新聞の1面を開き，見出しに目を通すだけで，その日は何が大きなニュースか把握することができます．

　駅のキオスクには，新聞が円筒状に積み上げられています．大きな文字の見出しが踊っています．気になるニュースがあれば，読者はその新聞を選び購入します．見出しには「アイ・キャッチ」の役目があります．要領良く，簡潔に．記事を読む人の目をひきつける．新聞を手に取らせる．記事を読ませる．そのような力を，見出しは持っています．

　どのような見出しを付けるのか．新聞社の中では整理部という部署の仕事になります．読者はなかなかお目にかかれないセクションの1つです．編集局のど真ん中に，かなりのスペースに机と椅子が並べられています．それを取り巻くように社会部，経済部，運動部，地方部などの各部がレイアウトされています．編集局の中心に位置することが，その仕事の重要性を示しているといっても過言ではないでしょう．

　どの新聞社でも整理部は編集局の序列のトップに位置します．また，どんな小さな新聞社でも整理部はあります．大手の新聞社では100人近くの整理部記者がいます．1面から政治面，内政面，外信面（外報面．国際面），経済面までのいわゆる「硬派面」，社会面やスポーツ面，芸能面などの「軟派面」まで，しっかり記事

と見出しの管理をしています．

■締め切り時間に追われながら ───────

　整理部記者の仕事をのぞいてみましょう．まず，ニュースの価値判断をします．次に見出しを付け，紙面のレイアウトを組んでいきます．紙面全体のバランスを考えながら，見出しはタテかヨコか，「白抜き凸版」か普通の凸版か，写真は何段で扱うか，顔写真はどこに配置するか，などを同時並行で処理します．降版（締め切り）時間に追われながらレイアウトを仕上げていきます．

　記事は新しい情報が入るたびに，次々と差し替わります．見出しも記事内容に合わせて変えなければなりません．手元に回ってきて，見出しをつけるまで，許される時間は数分です．場合によっては秒単位の作業になります．「名人による瞬間芸」と呼ばれるのは，こうした時間的制約の中で，わかりやすく，しかも簡潔な1文を作り上げなければならないからです．

　だからこそ，経験や勉強がものを言う世界です．整理担当者は，毎日すべての紙面に目を通して，「これはウチが正解」，「これは負けた．お見事」などと批評しあっています．普段から週刊誌やミステリーものの番組を見ていると，見出しのヒントになることもあるそうです．それだけ見出しを付けるのは難しい作業だと言えます．

　特にスポーツ面や芸能欄など，いわゆる「軟派面」では，気の利いた見出しが要求されます．少し皮肉を効かせたり，ユーモアを込めたり，ダジャレを用いたり．政治面や経済面などの「硬派面」よりもセンスが問われます．

　整理部のベテラン記者の周りには，1分1秒への挑戦というオーラのようなものが出ています．若手の記者たちは少し離れた場所で，その芸術的な手作業に見入ります．短い言葉で記事全体を表現して，はっと驚くようなものにまとめる．整理部記者の苦心は続きます．

CHECK! 共同通信社『記者ハンドブック』(11版) 共同通信社，2008年．

QUESTION! 良い見出しの要素は何でしょうか？

56 TABOO IN HEADLINE

新聞の見出しにタブーはあるのですか？

　新聞の見出しの付け方にはルールがあるのでしょうか？
　例えば，新聞の1面トップ記事に，「米大統領訪日期限」という見出しがあったとします．この見出しでは何を言おうとしているのか，「期限」とは，何の期限なのかさっぱり分かりませんね．

■漢字だけの見出しは×

　こういう漢字ばかりの，助詞のない見出しは「お墓見出し（戒名見出し）」と呼ばれています．新聞記事の見出しとしてタブーの1つです．仏教では人が死んだら「戒名」を付けますね．「○○院釈○○寿光」などと，漢字が並び，助詞は使われていません．悪い例として，このような呼び名がついたというわけです．新米の整理記者がよくやってしまう失敗です．
　この例では「米大統領訪日が期限に」と，「が」や「に」を入れるとぐっと分りやすくなります．実はこの記事は，沖縄の普天間基地の移転問題について，首相が米国側に回答を示す「期限」がいつになるかが焦点でした．米国から大統領が日本に来る時期は既に決まっています．基地問題の回答期限が来日の時期になるというのがニュースであり，見出しになったのです．
　なお，体言止めは見出しに多く見られます．体言止めが悪いというのでは必ずしもありません．

■長い見出しも×

　2つ目のタブーは9文字を超える見出しです．見出しの文字の大きさは，ベタ記事（見出しが1段の記事）と呼ばれる最小のものから，上記のような1面トップ記事に使われる大きなものまであります．1段見出し，2段見出しなどと，段数で呼ぶこともあります．いずれにせよ，最大9文字までが基本です．
　見出しが複数ある場合は，それぞれの見出しが短くなります．例えば，3本の見出しすべてが9文字ということは，まずありません．
　複数の見出しは，1本目のタテの見出しを「主見出し」，2本目の見出しを「脇

見出し」，上下のヨコ見出しを「かぶせ」と呼んでいます．3つ目のタブーは，脇見出しの文字が主見出しよりも大きくなる見出しです．

なお，見出しの文字数は偶数よりも奇数の方が美しいと言われています．

■「食欲をそそるように仕上げる」

　見出しは短くすることが求められるため，普通の文になっていないことが多く，文法のルールでチェックすると規則にそぐわないものがあります．単語の羅列が目立ちますね．

　短い文で内容の核心を伝える．読みやすくする．一見しただけで印象に残り，インパクトが強い，という見出しも多いですね．このような見出しは誰がつけるのか．整理部に権限があります．記事の扱い，出来映えを大きく左右するだけに，元々の記事を書いた出稿部（下記の例では経済部）と整理部との間ではしばしば対立することもあります．

　　経済部「M電気がT電気を買収するニュースは1面だよ」
　　整理部「第1報は既に出ているのだから，細かな話は経済面で十分だ」
　　経済部「買収の中身が分ったのだから1面ですよ」
　　整理部「いや，経済面に回せばいい」

こんな激しいやりとりが日々，整理部のデスク周辺で交わされています．

　ある整理部記者が語った言葉を紹介しましょう．

　「材料は記者のみなさんですが，料理をするのは僕たちに仕事です．新鮮なものはすぐに飛びついていきますが，今にも腐りそうな材料ではどうやっても美味しい料理にはできません．でも記者のみなさんが一生懸命取ってきた話を粗末にはできません．何とか食欲をそそるようなものに仕上げるのが整理部の仕事だと思っています」

CHECK! 池上彰『池上彰のメディアリテラシー入門』オクムラ書店，2008年．

QUESTION! 新聞の見出しは記事の良し悪しにも影響するのでしょうか？

57　　　　　　　　　　　　　　　　　　　Date Of Story

記事の日付から何が分かるのでしょうか？

　新聞やテレビのニュースは鮮度が命です．新聞の場合は，印刷工場から各地に運んで行かなければなりません．全国に新聞の印刷の拠点を置いているのは，締め切り時間をできるだけ遅くするためです．つまり，最新のニュースを入れるだけ入れて，新聞を各世帯に送り届けることができるようになります．

　ニュース記事は5W1Hで構成されています．その1つ「When=いつ」は欠かせない要素です．ほとんどの新聞記事には日付，場合によっては時間までが入っています．例えば，社会面では交通事故の記事として，「杉並区の環状7号線で，○日午後○○時ころ，鉄鋼物を運んでいたトラックが横転……」というような例を見かけます．

■「○日」と「○日までに」の違い ────────

　細かく見ていくと，記事の日付にはいくつかの書き方があります．例を挙げながら検討してみます．

　　①「政府は○日，沖縄の普天間基地の……」
　　②「政府は○日までに，沖縄の普天間基地の……」
　　③「政府はこのほど，沖縄の普天間基地の……」
　　④「政府筋は，沖縄の普天間基地の……」

　①は日付が特定されています．「○日」と打ち切った記事は，記者会見など公式な発表を基にした記事が大部分です．その他，記者が独自の取材で事実をつかんできたニュースもこのような書き方をします．もし，他紙に類似の記事がなければ，スクープ，つまり特ダネ記事になります．

　②の「○日までに」という書き方も新聞に掲載されています．こうした記事の多くは，当日つかんだニュースでなく，出遅れた記事とみてよいでしょう．例えば，「11日までに」であれば，「11日」だったのか，それより前のいつだったのかは特定されません．ということは，「When=いつ」を意図的にあいまいにしてい

るということになります.「○日までに, △日に開かれた会合で基本的な方針を決めた」などといった表現であれば, 出遅れた記事と判断して間違ありません.

しかし, 正式発表を前に記事にした場合に用いることもあります. 特ダネの書き方です. 長い間ある事件の取材をしてきて, 他社も感づき始めたところで, 記事にする場合, こういう書き方をします.

特ダネか, 遅れて書いた記事かでは, 大きな差があります. 両者を区別するには, 本文を読むしかありません.

■「暇ダネ」—————————

③の「このほど」は,「When＝いつ」という要素がニュースの価値にはあまり影響しない場合によく使われます.「このほど原稿」と呼ばれています. 新聞の朝刊に載っているのは前日起こったニュースがほとんどです.

しかし, 紙面が特ダネやその他のニュースでいっぱいになり, 収容しきれないことがあります. 翌日の朝刊に入れなければ使えない記事がある一方, 別の日でも掲載できる性格の記事もあります.

例えば,「14日」のニュースを翌15日ではなく, 16日以降に掲載する場合,「14日」という日付をそのまま入れるのは, 紙面上格好が悪すぎます. そこで, 前日のニュースではないのだが, 掲載する価値のある最近のニュースなのです, という意味で,「14日」を「このほど」に変えて記事にします.

④の日付のない記事は, 言うまでもなく, いつでも使える原稿, つまり, しばらくの間は腐らない原稿です. 正月や夏休みなど長期休みに入る記者が, 数本まとめて「いつでも使ってください」と担当デスクに渡しておくような原稿です. 要するに典型的な「暇ダネ」です.

N

池上彰『池上彰の新聞勉強術』ダイヤモンド社, 2006年.

実際に新聞を読んで「○日」「○○日までに」「このほど」など, 記事の日付がどうなっているか確かめてみましょう.

58 新聞の紙面作りは，誰がどのように決めていますか？

　大手新聞社では毎日，「土俵入り」「お立会い」などと呼ばれるものが行われています．みなさんはテレビで相撲の中継を見ますね．力士が取り組み前に土俵場で行う儀式のことです．横綱を除く幕内または十両以上の全力士が化粧まわしをつけ，土表場で円形に並んで行うものです．しかし，大手新聞社の「土俵入り」は少し様子が違います．

■朝・夕刊の紙面を決定する会議

　新聞社の「土俵入り」は，編集局長が召集して整理部や社会部，経済部，国際部，地方部など紙面作りに携わっている部署から担当責任者を集め，円陣を組んで，その日のニュースをどう処理するかを話し合う重要な編集会議です．翌日の朝刊作りのために夕方6時すぎに（各社まちまち）集まる場合もあります．ちなみに，読売新聞では「土俵入り」，朝日新聞では「お立会い」と呼んでいるようです．

　本社に集まってくる記事は膨大な量です．限られたページ数の紙面に収容するために，一度すべての原稿を集め，整理して大まかに筋道をつける作業をしなければなりません．1面や社会面で何を1番手に持ってくるのか．政治面や経済面をどうつくるのか．編集会議はなくてはならない重要な工程なのです．さまざまな情報を共有するためにも必要になります．

　例えば朝刊の会議では，まず編集局長から前日の反省点や間違いなどが指摘され，問題点などが話し合われます．見出しの大きさで見直します．それが終わると翌日朝刊の紙面作りに入ります．独自ダネや，各記者クラブから出稿される「発表もの」，海外の特派員からの原稿など，1日の主だったニュースが一覧にまとめられます．

■「それトップでいけるな」

　編集会議は，こんな様子で進みます．

　　編集局長「きょうの頭（トップ記事のこと）は何で行く？」

社会部デスク「小学生になったばかりの子どもが，バックしてきた父親の車にひかれて死亡したニュースがあります．入学式当日ですから，いけると思います」

編集局長「それ社会面トップでいけるな．写真は？」

社会部デスク「あります，両親の写真も」

国際部デスク「昼間のことで夕刊にも少し載っていますが，北朝鮮が核実験の準備をしていることがわかったというニュースは，1面でもおかしくないと思いますが……」

編集局長「1面候補だな．3段くらいの扱いでもおかしくない」

運動部デスク「巨人が7連勝，それも教育リーグからきた選手たちがベテランにまじって頑張っているのはどうでしょうか？」

編集局長「年俸が数百万の選手が何億円もらっている選手と競り合っている姿は共感を呼ぶよね．スポーツ面で囲み記事でやったらどう？」

編集局長「ところで，経済部はないのか．A銀行とB銀行の合併はその後どうなっている．全然原稿が上がって来ないな．N紙がきょうの紙面でそれらしきことを匂わせていたが……」

経済部デスク「N紙は直接書けないものだから，一種の保険をかけてきたのでしょう．でないとあんなふうに書けませんよ……」

編集会議は，いつも，このように穏やかに進むわけでもありません．激しい意見の対立もしばしば．相手を罵倒する声が響くこともあります．そのときは編集局じゅうが凍りつきます．

現在では東京，名古屋，大阪，九州に本社を持っている新聞社ではテレビ画面を通じて双方向（テレビ電話）で話し合いをしているところもあるようです． Ⓝ

CHECK! 日経，朝日，読売の3紙の読みくらべサイト「新'sあらたにす」http://allatanys.jp/

QUESTION! 新聞にどのような記事を載せるかは，誰（記者，編集者，市民など）がどのように決めるのが望ましいでしょうか？

59 EXTRA EDITION

号外はいつ，なぜ配られるのでしょうか？

「イチロー大記録　9年連続200本安打」——．打席でスイングした瞬間や，振り切ったバットを離して1塁へ駆け出す勇姿をとらえた大きな写真．2009年9月14日，新聞各紙はこぞって大都市の主要駅で号外を配りました．スポーツ紙もカラー版で派手な紙面を作りました．通りかかった人は奪い合うように号外を手にしました．イチローの歴史的な偉業．その号外はYahoo!などのオークションにも出品されました．

号外はどんなときに，なぜ配られるのでしょうか？

■初の号外は130年前 ——————

号外は「定期以外に発行する新聞・雑誌．特に大事件などの際に臨時に発行する新聞」(広辞苑)です．新聞社の号外は通常1ページ．新聞の半分のサイズ，つまりタブロイド判で作ることもあります．最近ではカラー版も珍しくありません．

歴史的な大きなニュースが飛び込んできた時，新聞社は号外を出します．多くの犠牲者が出た事件や事故，地震や台風などの大災害，オリンピックでの日本人選手のメダル獲得，日本人のノーベル賞受賞など，世界的な出来事が対象になります．

1日の時間帯としては，朝刊が発行された後の午前中，あるいは夕刊が発行された後の夕方になります．朝刊と夕刊の間に，最新の情報をつないでいく．逆に，朝・夕刊の締め切りにギリギリ間に合うタイミングであれば，わざわざ号外を出す意味はありません．

号外の歴史は古く，朝日新聞の場合，初の号外は1880(明治13)年にまでさかのぼります．この年の1月4日，大事件や大事故ではなく，お祝いの紙面として，正月の祝賀の様子などを伝えています．

■インターネット時代の"遺物" ——————

テレビが普及する以前は，ニュースは新聞とラジオが担ってきました．一般市民は号外を手にして初めて大ニュースを知る．そんな時代を想像できるでしょう

か？ ニュースの速報は，新聞からテレビへ，そしてインターネットへと移った今，新聞の号外は歴史的な役割を終えようとしています．

新聞は自らが「号外を発行した」という事実を記事にします．駅頭で号外を欲しがる人たちは，ニュースの中身を知りたいというよりも，「記念品としてとっておきたい」という気持ちが強いと思われます． ◯

こんな号外があった（朝日新聞の号外の事例）

1950	7	2	国宝金閣寺今暁焼く
1953	12	1	ソ連引揚者けさ舞鶴に安着
1976	7	27	田中前首相を逮捕
1979	1	28	犯人そ撃　人質救出（三菱銀行強盗事件）
1985	8	13	墜落日航機に生存者
2001	9	12	米同時多発テロ
2005	4	25	JR　マンション衝突
2008	10	8	日本人3氏ノーベル賞

日本新聞博物館（神奈川県横浜市中区日本大通11）http://newspark.jp/newspark/access/index.html

号外はこれからも発行されるでしょうか？　いつまで続くでしょう？

60 新聞の社説はなぜ，どのように書かれるのでしょうか？

EDITORIAL

■分かれる社説の見解

　「子ども手当」は，政権交代を果たした民主党が2009年夏の衆院選で，マニュフェストに掲げていた目玉の政策でした．しかし，実施しようとすると，財政負担は初めてとなる2011年度で約2兆3000億円，2011年度以降は約5兆3000億円にのぼることが分かりました．新政権は頭を抱えました．そして浮上したのが，支給対象者に所得制限を設けて支出を抑えようとする案です．この問題をめぐって全国紙の意見は分かれました．各社の社説の見出しは次のようになっていました．

　　「子ども手当　所得制限は愚策だ」（毎日新聞）
　　「「手当」に意味ある所得制限を」（日経新聞）
　　「子ども手当　本格的制度づくりを急げ」（朝日新聞）

　毎日新聞は〈鳩山由紀夫首相が強調する「子どもを社会全体で育てる発想．所得制限を考えないのが基本線」との理念を支持してきた〉とし，〈制度の趣旨からも技術的な面からも問題は多い．子ども手当の所得制限は，やはり不要である〉と断じています．

　これに対して，日経新聞は〈少子化を克服するには社会全体で子育てを支援する必要があるが，財源とのバランスを考えれば，所得制限を設けるのが妥当である〉との立場．毎日新聞とは正反対の見解を示しています．

　読売新聞も「来年度税・予算　政権公約へのこだわり捨てよ」という社説の中で，子ども手当の問題を取り上げ，〈やはり支給額の削減や所得制限の導入などが欠かせない．今後，真剣に検討すべきだ〉と，所得制限には異論を唱えています．

　朝日新聞は中間的な立場と言えます．所得制限には反対していません．しかしながら〈子ども手当は，子育てを社会全体で応援し，家庭の負担を軽くするためのものだ〉と評価しながら，〈この決定は当座しのぎであり，本当の決着ではない〉とも述べています．

このような身近な問題に限らず，社説は幅広いテーマを扱います．読み比べると，違いがよく分かります．朝日，日経，読売は3紙が一緒に運営するウェブサイト「新'sあらたにす」(http://allatanys.jp/) で，1週間分の社説を読み比べることが簡単にできます．

■委員の1人が社を代表する意見を書く

新聞の使命は大きく2つあります．1つは事実を報道すること，もう1つは評論すること，つまりある問題について意見を述べることです．さまざまな時事問題について，新聞社としてどう考えるのかをはっきりと表明するのが「社説」です．1面に置かれることはありませんが，「新聞社の顔」と呼ばれています．

では，各社の社説はどうやって作られているのでしょうか？　社説の大枠は，論説委員と呼ばれるベテランのジャーナリストたちの集まりで決まります．朝日新聞の場合は東京本社の6階にある論説委員室で，午前11時から2時間程度，20－30人の委員が顔をそろえ，何をどう論じるかを議論します．

社説の責任者は論説委員長（論説主幹）．論調の方向付けをし，意見が割れたテーマで最終判断を下します．書き手は委員だれか1人というのが一般的です．テーマと委員の専門分野を照らして筆者が決まります．論説副委員長（論説副主幹）と相談しながら，書き上げていきます．社説に署名が入ることはありませんが，委員の誰かが代表して社の意見を書いているというのが実態です．

CHECK！　若宮啓文『闘う社説――朝日新聞論説委員室2000日の記録』講談社，2008年．

QUESTION！　同じテーマについて各社の社説はどのように違っているでしょうか？　具体例を挙げて検討してみましょう．

61 特ダネとは何を指すのでしょうか？

「抜かれとる！」

ただひと言で，ガチャンと電話を切る音が響きます．筆者が駆け出し記者のころ，デスクの怒声に息を飲んだ経験が何度かあります．短い言葉の中には，「他社が特ダネを掲載しているではないか．しかも，それがお前の持ち場ではないか．普段からちゃんと取材をしていないから，こんなことになるのだ．オレは我慢できない．悔しくないのか．すぐに確認してこのニュースを追い掛けろ．やられっぱなしではダメだ．別のネタで抜き返せ」といった意味が込められています．

■他社を出し抜く ──────

「特ダネ」つまり「スクープ（scoop）」は，「新聞・雑誌・テレビなどの記者が他社を出しぬいて，重大なニュースをつかみ報道すること．また，その記事」（広辞苑）を指します．その反対で，他社はみな記事にしているのに，自分だけが出遅れた場合を「特落ち」と呼んでいます．

マスメディアの記者は持って生まれた習性のようなもので，いつも「特ダネ」を打ちたいと考えています．例えば，記者クラブで一緒になった記者とはあいさつもしますし，雑談もします．時には取材対象の話や社内の様子についても語ります．しかし，競争するところでは競争する．営業マンが契約数や売上高を競い合うようなものです．腹の中は「いつかは抜くぞ」というのが記者という稼業なのです．

「特ダネ」は紙面になる前にだいたい自分で分かるものです．当然ながらその分野に精通しているからです．ふたを開けてみたら同着だったということは，それほど多くありません．「特ダネ」は紙面の扱いは格段に大きくなります．

抜いたときの何とも言えない優越感と爽快感．その反対に，抜かれたときの挫折感と不快感．これらはいずれも，体験しなければ分からない感覚なのかもしれません．

■メディアの関心と読者の関心

　よい意味で競争すれば，マスメディア間で緊張感を高め，結果的に取材範囲が広まるとともに深まるはずです．例えば，特ダネ競争で次々と行政や企業の不正が明るみに出れば，読者の関心が高まります．その反響を背に，記者が頑張るという上昇のスパイラルに入ります．

　ところが，狭い世界での無駄とも思える競争が繰り返されているのも確かです．例えば，捜査当局の動きをいち早く察知できるかどうかで，争うことがしばしばあります．「きょうにも逮捕」，「あす強制捜査」などという，捜査の動きをタイミングよくとらえた記事が書ければ，特ダネになります．経済部の取材ならば，大手企業間の合併などのテーマで，各社がしのぎを削ることがあります．

　確かに，いわゆる「時間差スクープ」とも呼ばれるこの種のスクープは，膨大な時間と労力をかけた取材をしなければ勝ち得ることができません．しかしながら，一般の読者（視聴者）にとって捜査当局の動きがそれほど重要かつ関心の高いニュースとは，必ずしも思えません．標準的な読者には，強制捜査がきょう行われようが，あす行われようが，大きな違いはないはずです．

　なのに，こうした特ダネに血眼になっている記者姿が見え隠れする．マスメディアの人たちが熱を入れていることと，一般読者が関心を寄せていることには，何らかのズレが生じているのは明らかです．読者が本当に求めていることや報道すべきことを吟味せずに，マスメディアが内輪でスクープ合戦を繰り返していては，行き先は暗いと言わざるを得ません．

大塚将司『スクープ──記者と企業の攻防戦』文藝春秋（文春新書），2004年．

特ダネ競争に関心がない記者は，この職業に向いていないと言えるのでしょうか？

62　ELECTION COVERAGE

なぜ開票前に「当選確実」が打てるのでしょうか？

「民主308 政権奪取　自民惨敗119議席」――．2009年8月30日投開票の総選挙は民主党が圧勝し，政権が交代するという歴史的な選挙になりました．朝日新聞は翌31日の朝刊で，このような大見出しで選挙結果を伝えました．国政選挙は報道機関にとっては一大イベントであり，全社員が総出で取材と報道に取り組みます．まさに「総力戦」と言えます．

■「総力戦」の選挙報道

誰が当選し，誰が落選したのか．どの党が何議席を獲得するのか．読者・視聴者は結果をいち早く知りたい．だからこそメディアはその期待に応えようとします．どのメディアが速く，そして正確に結果を報道できるか．結果がはっきりと分かるだけに，日頃の取材力や技術力が試されます．

NHKをはじめテレビ局はこぞって特別番組を組みます．投票箱が閉まるのは午後8時．その瞬間からマスメディアの「開票速報」がスタートします．新聞が配られるのは翌朝になるので，新聞社は自社のウェブサイトで速報します．

テレビは当選確実（略して「当確」と呼びます）の候補者数を競います．民放キー局の1つTBSは，午後8時ちょうどから10分間の間に，300の小選挙区のうち185，180の比例区のうち120，両方合わせて305の「当確」を打ちました．8時40分には，民主党が過半数を突破すると報道しました．

しかし，投票箱が地域の小学校などに設けられた開票所に運ばれ，1票1票のカウントが始まるのは午後9時からです．投票用紙はまだ投票箱の中に入ったままです．もちろんメディアも中をのぞくことはできません．なのに，どうして「当確」を打てるのでしょうか？

■選挙期間中に世論調査を実施

新聞やテレビは選挙期間中に大規模な世論調査を実施します．例えば，読売新聞は8月18日から20日までの3日間，全国の有権者約11万人を対象に電話による世論調査を行っています．TBSは毎日新聞と共同で約7万8000人を対象に同

じような世論調査を行っています。こうしたデータを分析し，全国にまたがる取材網が集めた情報を加味しながら，選挙結果を予測します。

読売新聞は8月21日付の朝刊1面トップに「民主300議席超す勢い」の見出しを掲げ，民主党が圧勝し，自民党が激減するという選挙結果を予測しています。また，毎日新聞は8月22日付の朝刊で「民主320議席超す勢い」と報道しました。テレビ各局もこの時期に同じような予測報道を行っています。賛否は分かれますが，このような報道が有権者の投票行動に影響を与えることがあるとも言われています。

■ 28万人の「出口調査」

そして，投開票当日に行っているのが，いわゆる「出口調査」です。これはいくつかの投票所の出口に調査員を張り付け，有権者の投票行動を聞くというものです。投票が終わって出てきた有権者に「どの候補者に投票したか」「どんな争点を重視したか」といった簡単な質問票を渡し，記入してもらいます。

TBSが今回，共同通信と一緒に行った出口調査は，全国7200カ所で約28万人を対象に行われました。これほど大規模とはいえ，出口調査の結果が実際の投票結果と完全に一致したというわけではありませんでした。しかし，選挙期間中に行った世論調査と合わせ，午後8時からの特番の中でいち早く「当確」を打つために，重要な判断材料となったことは間違いありません。

星浩・逢坂巌『テレビ政治』朝日新聞社，2006年。

テレビ各局は「当確」の速報を競っています。1分でも1秒でも早く伝える。視聴者にとってはどんな意味があるのでしょうか？

63 INVESTIGATIVE REPORTING

調査報道とはどんな報道のことなのでしょうか？

■「権力」をチェック ───────

　出来事が発生したらできるだけ速く取材し，ニュースとして報道するのは，報道機関の重要な使命です．記者は事件や事故の現場に出かけて，目の前で起こっていることを速報します．公的機関による記者会見も，直ちに伝えるべきニュースです．

　その一方，普段は表に見えていないことを長期間，独自にこつこつと調べて，明らかにする報道があります．特に，行政機関や政治家，大企業など，公的な組織や公人，つまり「権力」側が隠そうとする不正を，マスメディアやジャーナリストが独自に取材し，報道する場合を「調査報道」と呼んでいます．「権力」の監視とチェックが調査報道の最大の眼目です．

　調査報道における取材で避けられないのは，時間と手間がかかるということです．発表資料を読んだり，映像を収めたりすればすぐに流せるニュースとは違います．ある問題が潜んでいることがおぼろげに浮かんできたとしても，誰が関わっているのか，どこにいるのかを突き止めることから始めなければなりません．そうしなければ，人に会って話を聞くという取材のスタート地点に立てないからです．

　報道できるかどうかも分からない．しかし，取材してみなければ，報道するに値する事柄なのかどうかも見極めがつきません．取材記者の数が増え，取材の範囲が広がれば広がるほど，取材の経費はかさんでいきます．フリーのジャーナリストはもちろんのこと，マスメディアであっても，人的な余裕と，財政的な余裕がなければ，本格的な調査報道を行うことはできないと言ってよいでしょう．

　そうは言っても，誰かが時間とお金をかけて取り組まなければ，不正が闇に葬られてしまうかもしれない．だからこそ，調査報道は結果を出せば，つまり報道まで結びつけば，高く評価されることになります．そして，報道がきっかけで社会を変えることもあります．

■『大統領の陰謀』

調査報道の代表例として必ず取り上げられるのは，米国のウォーターゲート事件です．ワシントン・ポスト紙の2人の記者，ボブ・ウッドワードとカール・バーンスタインが独自の調査で，ニクソン大統領の不正を次々と暴露し，任期中の1974年に辞任に追い込んだというものです．実話を基に映画化された『大統領の陰謀』には，息詰まる緊張の中，2人が情報提供者に接する姿や，政府が報道機関に圧力を掛けてくる様子がよく描かれています．

■「田中角栄研究」

国内における先駆的な調査報道は，ジャーナリストの立花隆氏が月刊『文藝春秋』(1974年11月号)に発表した「田中角栄研究――その金脈と人脈」です．この報道がきっかけで田中内閣は同年12月，総辞職に追い込まれました．政権の中枢を担当する記者を多数抱えていた新聞ではなく，フリーランス記者だった立花氏とその取材チームが月刊誌で報道したことが話題になりました．

田中角栄首相（当時）の金権体質に目をつけ，「金脈の全体的な構造」を明らかにしたところに特色があります．取材チームは7-8人で始まり，最終的には20人規模に．土地の登記簿謄本など膨大なデータを収集し，分析を進めました．立花氏は「取材チーム全体が一つの巨大なパズルに取り組んでいるような感じであった」と述懐しています．

CHECK! ボブ・ウッドワード・カール・バーンスタイン（常盤新平訳）『大統領の陰謀――ニクソンを追いつめた300日』文藝春秋（文春文庫），2005年．

QUESTION! 経費削減を迫られたマスメディアが調査報道を行わなくなったら，一般の読者や市民にはどのような影響があるでしょうか？

64　テレビの視聴率が高いのはすばらしいことなのでしょうか？

　放送プロデューサーのデーブ・スペクター氏はインタビューで「今後の夢は何ですか？」と聞かれ，「別にないですよ．自分が出ている番組の視聴率だけ欲しい」と答えています（週刊文春2009年9月17日号，140頁）．

　テレビの業界では「番組の視聴率がすべて」という考え方が常識になっていると言ってもよいでしょう．テレビの視聴率とは何であり，なぜ重視されるのでしょうか？

■番組がどのくらい見られているか

　視聴率とは，テレビの番組やCMがどのくらいの世帯や人々に見られているかを示す1つの指標です．一般には「世帯視聴率」のことを指しています．つまり「調査対象となる世帯全体の中で，時間別や番組別にどのくらいの世帯がテレビをつけていたかという割合」（ビデオリサーチ社作成の『視聴率ハンドブック』）のことを言います．調査の対象はテレビ放送だけで，録画やゲーム，パソコンなどでの視聴は除きます．

　現在，国内でテレビ視聴率調査を行っているのは調査会社のビデオリサーチ1社だけです．全国27の調査エリアで，計6600世帯（関東・関西・名古屋が各600，その他が各200）に特別な測定機器を設置し，データを収集しています．関東地区で，ある番組の世帯視聴率が10%だったとすると，約176万世帯（2009年10月時点の推計）で見られた計算になります．

　オリンピック，サッカーのワールド・カップなどの世界的なスポーツイベントや，大事件や大事故の報道番組などの視聴率から，一般の人々の関心の高さを知ることができます．興味を持たれる番組は，それだけ視聴率が上がると考えられるからです．

　番組を制作した側（送り手）にとっては，どれだけの人（受け手）に見てもらったかが分かります．必ずしも「視聴率が高い番組は内容が優れている番組」と言うわけではありません．それでも制作に関わった人たちは「数字が取れたか」を

何よりも気にします．テレビ各局は日夜，0.1％でも視聴率を上げようと，熾烈な競争を繰り広げています．

■広告料に直結
　視聴率調査を本格的に始めたのは1950年代の米国でした．当初は調査員による聞き取りや，視聴者が調査票に記入するアンケート方式で行われていました．日本では1961年から機械による本格的な調査が始まりました．
　もともと広告（コマーシャル）がどのくらい視聴者に見られているのかを計測するのが主な目的でした．視聴率が高ければ高いほど，多くの視聴者が番組の間に挟まれるコマーシャルを見ている．ということは，それだけ広告の効果が高くなる．スポンサーはそれだけ高い広告料を払っても，コマーシャルを出したいと考えます．テレビ局側にとっては，視聴率を高くすることができれば，スポンサーから高い広告料を得ることができるという構造になっています．
　1日に放送できる広告の時間枠には限りがあります．視聴率が高いと単価が高くなり，テレビ局の広告収入が上がります．逆に，視聴率が低い番組は，儲からないわけですから，番組制作の経費を削減したり，場合によっては放送打ち切ったりせざるを得ない場合も出てきます．
　過去には視聴率が50％を超える番組がありました（次ページの一覧表参照）．2009年の1年間では，11月29日（日）夜に生中継された「プロボクシングWBC世界フライ級タイトルマッチ・内藤大助×亀田興毅」（TBS）が1位で，番組平均世帯視聴率（関東地区）43.1％を記録しました．ベスト10には，3月に行われた，野球の国際試合ワールドベースボールクラシックの4試合が入るなど，スポーツの生中継番組が目立っています．2008年でも，北京オリンピックや，プロ野球日本シリーズ，箱根大学駅伝などがベスト10入り．最近はスポーツ関係が上位を占める傾向が強まっていることがデータからも分かります．

CHECK! ビデオリサーチ社がウェブサイトに掲載している視聴率データに関する情報
http://www.videor.co.jp/data/ratedata/r_index.htm
QUESTION! よい番組かどうかはどういう基準で判断すればよいでしょうか？　視聴率はその基準の一つでしょうか？

全局高世帯視聴率番組ベスト20（関東地区）

	番組名	放送日	放送局	視聴率(%)※
1	第14回NHK紅白歌合戦	1963年12月31日（火）	NHK総合	81.4
2	東京オリンピック大会（女子バレー・日本×ソ連 ほか）	1964年10月23日（金）	NHK総合	66.8
3	2002FIFAワールドカップ™グループリーグ・日本×ロシア	2002年6月9日（日）	フジテレビ	66.1
4	プロレス（WWA世界選手権・デストロイヤー×力道山）	1963年5月24日（金）	日本テレビ	64.0
5	世界バンタム級タイトルマッチ（ファイティング原田×エデル・ジョフレ）	1966年5月31日（火）	フジテレビ	63.7
6	おしん	1983年11月12日（土）	NHK総合	62.9
7	ワールドカップサッカーフランス'98日本×クロアチア	1998年6月20日（土）	NHK総合	60.9
8	世界バンタム級タイトルマッチ（ファイティング原田×アラン・ラドキン）	1965年11月30日（火）	フジテレビ	60.4
9	ついに帰らなかった吉展ちゃん	1965年7月5日（月）	NHK総合	59.0
10	第20回オリンピックミュンヘン大会	1972年9月8日（金）	NHK総合	58.7
11	ゆく年くる年	1963年12月31日（火）	NHK総合	57.4
12	世界バンタム級タイトルマッチ（ファイティング原田×ベルナルド・カラバロ）	1967年7月4日（火）	フジテレビ	57
13	旅路	1968年3月9日（土）	NHK総合	56.9
14	ザ・ビートルズ日本公演	1966年7月1日（金）	日本テレビ	56.5
15	おはなはん	1966年9月19日（月）	NHK総合	56.4
16	ありがとう	1972年12月21日（木）	ＴＢＳ	56.3
17	あしたこそ	1969年1月31日（金）	NHK総合	55.5
18	ボリショイサーカス中継	1963年7月16日（火）	NHK総合	55.3
18	澪つくし・最終回	1985年10月5日（土）	NHK総合	55.3
20	繭子ひとり	1972年2月10日（木）	NHK総合	55.2

㈱ビデオリサーチオフィシャルウェブサイトより　　　　※番組平均世帯視聴率

2009年年間高世帯視聴率番組ベスト10（関東地区）

	番組名	放送日	放送局	視聴率(%)※
1	プロボクシングWBC世界フライ級タイトルマッチ・内藤大助×亀田興毅	2009年11月29日（日）	TBS	43.1
2	第60回NHK紅白歌合戦	2009年12月31日（木）	NHK総合	40.8
3	2009ワールドベースボールクラシック™・日本×韓国	2009年3月20日（金）	TBS	40.1
4	開局50周年記念'09ワールドベースボールクラシック™・東京ラウンド・日本×韓国	2009年3月7日（土）	テレビ朝日	37.8
5	第60回NHK紅白歌合戦	2009年12月31日（木）	NHK総合	37.1
6	2009ワールドベースボールクラシック™決勝・日本×韓国	2009年3月24日（火）	TBS	36.4
7	開局50周年記念'09ワールドベースボールクラシック™・東京ラウンド・日本×韓国	2009年3月9日（月）	テレビ朝日	33.6
8	24時間テレビ32 愛は地球を救う PART11	2009年8月30日（日）	日本テレビ	31.1
9	情報7days ニュースキャスター	2009年8月8日（土）	TBS	30.4
10	フジテレビ開局50周年記念・全日本フィギュアスケート選手権2009女子フリー	2009年12月27日（日）	フジテレビ	28.9

㈱ビデオリサーチオフィシャルウェブサイトより　　※番組平均世帯視聴率

家電量販店に並ぶ大型液晶テレビ

65 COVERING INTERNATIONAL CONFERENCE

国際会議の報道に何か問題があるのですか？

「衣」「食」「住」——身の回りのほとんどすべてのものが，海外の原料や素材を含んでいます．まるまる海外でつくられ，輸入される製品も少なくないでしょう．私たちの暮らしは海外との強い結びつきなしには成り立たなくなりました．同時に，環境，紛争，貧困など，社会的課題の解決には，国の枠組みを超えた地球規模での協力が必要となっています．

そのような状況を背景に，各国の代表が集い，さまざまな世界的課題について議論を行う国際会議が，毎年世界各地で開催されています．主要国首脳会議（G8），世界貿易機関（WTO）閣僚会議，ダボス会議など，耳にしたこともあるのではないでしょうか．世界中から集ったマスメディアの記者たちは，「国際メディアセンター（IMC, International Media Centre）」を拠点に，これらの国際会議を取材し，自国に伝えます．しかし果たして，マスメディアによる，この種の取材と報道で十分と言えるでしょうか？

■ 大手メディアが主な対象 ─────────

IMCは政府の予算でつくられます．2007年6月にドイツで開催されたG8の際には，会場のハイリゲンダムから西に約7キロ離れたキュールングスボルンに建設されました．高速インターネット回線や，放送信号を国際伝送するための設備などが整えられました．IMCを使用するには，事前に申請を行い，ドイツ政府の審査を通過し，メディア・パスの発行を受けなければなりません．所属する報道機関名や取材経歴など，詳しい情報提供を求められます．ですから使用を許可されるのは，ある程度「名の知れた」大手メディアに属する記者か，大手メディアに記事や番組を配信するフリーランスの記者が主となります．

■ 「国際メディアセンター」中心の報道に課題 ─────────

政府にとって都合の悪い取材や報道をする可能性の高い記者は，メディア・パスを発行しないことによって，排除することができます．IMCには政府にとって安心できる記者たちが集まることになります．国際会議場への記者の出入りは厳

しく制限されています．首脳たちの写真撮影など，政府によってコーディネートされた場面のみが，IMCの中から選ばれた少数の報道陣に対して公開され，IMCを通じて世界に配信されるのです．

　また，国際会議場周辺の公共交通機関がストップしたり，周辺の道路が，会議に反対する人々によって封鎖されたりすることがよくあります．その結果，IMCを取材拠点とする大手メディアの記者は，建物内での滞在時間が長くなり，政府の「公式」記者会見や，配布される政府の「公式」文書を情報源とする報道が多くなってしまうのです．

　越境する，さまざまな地球的課題を乗り越えて行くためには，本来は市民の協力が欠かせません．ところが，その市民の声，特にG8のあり方に異議を唱える市民の声や，政策提言を行うNGOの主張は，ほとんどマスメディアに取り上げられません．政府にとっては，マスメディアから都合のよい情報だけが流れるという状況が生まれるわけです．Ⓜ

ロストック市内のデモンストレーションに参加する女性．このような「平和的」光景を大手メディアはほとんど報じなかった．＝2007年6月（撮影：松浦哲郎）

「G8サミット2007ハイリゲンダム」（ドイツ政府公式サイト）
http://www.g-8.de/Webs/G8/EN/Homepage/home.html

最近開かれた国際会議に関する新聞記事を1つ探し，記事の内容が妥当かどうか考えてみましょう．

66 INDEPENDENT MEDIA CENTRE

最近は国際会議の報道を市民もするそうですね．なぜですか？

　2007年にドイツで開催された主要国首脳会議（G8）の会場とその周辺は，一般の人々の立ち入りが厳しく制限されました．そのため，東へ20キロほど離れたロストック市が，G8に異議を唱える人々や，政策提言を行うNGOなどの活動の拠点となりました．それらを取材し，報道するためのメディアセンター「独立メディアセンター（Independent Media Centre）」が，ロストック市内に2カ所設けられました．

■「ロストック・ショック」報道

　2007年6月2日，ロストック市内で約8万人の市民によるデモが行われました．行進の最終地点である港湾地域は，多数の警察車両と武装した警察官であふれていました．警察のヘリコプターが上空で旋回を続け，市民によるイベントの音はかき消され全く聞こえません．いくつもの警官の隊列が会場を縦横に駆け，行進する人々に一気に接近したかと思うと，遠ざかり，また別の部隊が接近する，という行動を繰り返します．警察車両の列がけたたましいサイレンを鳴らし道路を疾走．装甲車までが登場し，楽しく穏やかなデモの雰囲気は一変しました．一方で，無政府主義を掲げる「ブラック・ブロック」と呼ばれる若者の集団が警察の隊列と対峙．やがて無数の石やビンなどが飛び交う事態となりました．

　翌日の大手メディアは一斉に，「暴動発生」「デモ隊の一部が暴徒化」とセンセーショナルに報じ，「ロストック・ショック」の大見出しを1面に掲げる新聞もありました．日本のある大手紙は「警察当局は大変ショックを受けている」と伝えました．しかし，独立メディアセンターでの取材に対し，現地の警察官の1人は「予期していた通り」と答えています．「暴徒化」へ導く警察の巧みな威嚇，誘導があったのではないか，と独立メディアセンターの記者は伝えました．つまり，大手メディアが報じるニュースとは異なる事実・真実を伝えようとしました．既存のメディアとは違うニュースや情報の選択肢を，市民に提供したのです．

■背景に迫る報道を

　ブラック・ブロックが暴徒化する可能性があることは，デモの前から多くの参加者が口にしていました．実際デモの最中や，ブラック・ブロックが警察と対峙している間にも，多くの市民が「お願いだから暴力的な行動はしないでほしい．平和的なデモのまま終了させよう」とブラック・ブロックの若者に訴えかけていました．

　しかし大手メディアはそういった市民の存在を取り上げることなく，「デモ隊の一部が暴徒化」などの表現によって，Ｇ８に反対する人々をひとくくりにして報道しました．「Ｇ８に反対する人たちは何やら物騒な人たちだ」と，これらの報道に接した多くの読者，視聴者が感じたことでしょう．Ｇ８を推進する先進国政府にとっては誠にありがたい報道です．

　大手メディアの報道は，「そもそもなぜ多くの人がＧ８に反対するのか」という，普通であれば非常に気になる疑問に，ほとんど答えようとしません．また，ブラック・ブロックのような集団になぜ多くの若者が参加するのかという点について，まったく掘り下げようとしません．

　ドイツでは，特に旧東ドイツ地域で経済不況が長く続いており，若者の雇用状況が悪く，現在の社会状況に対する不安や不満が鬱積しています．社会のあり方を否定するブラック・ブロックの主張が，不安を抱えた若者たちをひきつけるのです．もちろん暴力を正当化するべきではありません．が，彼らが諸悪の根源であるとでもいうような報道ではなく，そのような不安を生み出す社会状況や，それに責任を負う政府や企業（権力）に対して鋭く切り込む報道こそが，ジャーナリストに本来求められるのではないでしょうか．それが十分に果たされていないと感じるからこそ，大手メディアとは異なる視点からの報道に取り組む市民が増加しているのです．

Ⓜ

「G8レポート from FM わぃわぃ」http://g8report.seesaa.net/archives/200706-1.html

大手メディアはどうしてセンセーショナルな見出しをつけるのでしょうか？

67　　　　　　　　　　　　　　　　　　　　　　　Radio Forum

市民による国際報道はうまくいくものなのですか？

　ドイツで 2007 年に開かれた主要国首脳会議（G 8）で，ロストック市に設けられた「独立メディアセンター」には，世界中から市民が集まり，連日マスメディアとは異なる視点から報道を行いました．言語も文化も異なる人々による協働がどのように展開したのか，筆者が参加したラジオ・チームの活動を例に見ていきましょう．

■試行錯誤の 1 週間

　4 階建ての芸術学校を一時的に借り受けて開設した独立メディアセンターには，活字，映像，ラジオなどさまざまなメディアのチームが同居しました．3 階にはラジオの海外参加者（20 カ国約 30 人），4 階にはラジオのドイツ国内参加者（約 30 人）が入りました．世界コミュニティラジオ放送連盟（AMARC）と，ドイツ自由ラジオ放送協会がコーディネートを担当し，1 週間にわたり多言語放送（独，英，仏，西，伊，露語）を行いました．この活動は「ラジオ・フォーラム」と呼ばれ，放送は，地上波，衛星，インターネットを通じて，世界へ届けられました．

　初めは言語の壁も影響し，「誰がどこへ取材に行くか」という基本的な情報の共有もままなりませんでした．1 日の最後に行われる合同ミーティングは，初日から大荒れでした．議論は実に些細な問題から始まりました．自分たちの会議の場所をどこにするのか，という問題です．「どうして 4 階のドイツ・チームが，3 階まで降りてこなければいけないのか？　これが毎日続くのか？」という意見が出たため，一晩ごと交互に場所を換えることになりました．司会も，英語話者と独語話者が日々交互に務めることになりました．その後も次から次へと意見が飛び交い，アイデアを出し合い，徐々にシステムやルールが整っていきました．

　取材態勢が整った後は，ブラック・ブロックの行動についてどのように伝えるべきか，ある情報についてどの程度信頼できるか，など報道の中身について，通訳を伴う議論が日々繰り返されました．笑いあり，涙ありの 1 週間の最終日，ドイツ・チームと多言語チームのメンバーは，同じスタジオのマイクの前に代わる

代わる立ち，1つの番組を制作・放送しました．

■ **背後から支え続けた存在**

　ラジオ・フォーラムに集ったメンバーは，日頃からそれぞれの母国でコミュニティに密着したラジオ放送を行っています．自分自身を送り出してくれたコミュニティの人々の顔が，取材中も放送中も常に心の中にありました．G8で取り上げられる極めて政治的，外交的，国際的テーマを，日常生活との関わりという点から，1人の市民としての視点で取材，報道する責任を感じていました．各メンバーに共通したその思いが，困難な共同作業を可能にしたのでしょう．　Ⓜ

「ラジオ・フォーラム」で活動するメンバーたち＝2007年6月（撮影：松浦哲郎）

「AMARC ヨーロッパ」G8 特集サイト
http://europe.amarc.org/index.php?p=G8_2007&l=EN

大手メディアの記者と市民記者とでは取材の動機や目的がどう違うでしょうか？

68 日本でも市民が国際会議を報道したことはあるのですか？①

　国際会議にあわせて市民がメディアセンターを開設する取り組みは，1999年にシアトルで開催された世界貿易機関（WTO）会議以降，欧米では一般的になっています．日本では2008年7月に北海道で開催された主要国首脳会議（G8）の際に，はじめて「市民メディアセンター」が開設されました．

■大手メディアの報道に対する危機感

　日本初の試みは，当初から困難が予想されました．それでも実現を目指したのは，日本のオルタナティブ・メディア（既存の大手メディアに代わるメディア．市民メディアなど）の実践者が，大手メディアの報道に危機感を抱いていたからです．

　米国を中心にG8参加国が進めてきた「金儲け第一主義」が限界まできており，このままでは破綻せざるを得ないことを，何年も前から世界中のNGOや市民が指摘していました．2007年のドイツでのG8でも，大規模なデモによって市民はその訴えを行っていました．しかし，新聞やテレビなど大手メディアがそれらを取り上げることはほとんどありませんでした．市民が自ら報道しなければ，ドイツでの会議にもまして，市民の訴えは「存在しないもの」として葬られてしまう．そのような危機感が，この取り組みの関係者たちを突き動かしたのです．

■長い道のりを経て

　日本国内のオルタナティブ・メディアの実践者，NGOや市民活動のスタッフらによる，今回のような大規模な協働は過去に例がありませんでした．個人やグループによって少しずつ異なる考えを調整し，共通の目標に向かって動き出すために，数十回にもわたるミーティングや合宿を開きました．それぞれのグループ内での打ち合わせを含めれば，その数は軽く数百回を超えるでしょう．また，取り組みを多くの人々に知ってもらうために，2007年9月から，全国各地でシンポジウムを開催しました．大規模なものだけで，7回を数えました．

　大手メディアが拠点を置く国際メディアセンター（IMC）とは異なり，市民メディアセンターは政府が用意してくれるわけではありません．場所探し，賃貸交

渉，机や椅・機材の搬入，インターネット回線の施設など，何から何まで，市民の手で行いました．

2008年6月30日，札幌市内で市民メディアセンターが3カ所（北海道大学，札幌市旧天神山国際ハウス，民間ビル）に開設されました．IMC開設時には，町村信孝外相と高橋はるみ北海道知事によるテープカットとスピーチが華々しく行われました．それとは対照的に市民メディアセンターでは，IMCのような派手なセレモニーはありませんでした．

市民メディアセンター（天神山）で活動する人々
（提供：G8市民メディアセンター札幌実行委員会）

「G8市民メディアセンター札幌実行委員会」ウェブサイト
http://imc-sapporo.blogspot.com/

政府や行政が市民メディアセンターの設置に積極的でないのはなぜでしょうか？

69 日本でも市民が国際会議を報道したことはあるのですか？②

　2008年の北海道洞爺湖サミットの期間中，市民団体やNGOの活動拠点となった札幌市に，市民メディアセンターが3カ所設置されました．地元の人々で組織する「G8市民メディアセンター札幌実行委員会」と，全国のオルタナティブ・メディア関係者が参加する「G8メディア・ネットワーク（G8MN）」が一緒に準備を進めました．

　北海道大学の一角はNGOなどの記者会見場として，中央区の民間会社の一角は映像と活字チームの取材拠点として，札幌市旧天神山国際ハウスはラジオ・チームの取材拠点として，それぞれ活用されました．各メディアセンターには，市民が自由に使えるパソコンとインターネット回線も用意されました．6月30日から7月9日のオープン期間中に，3つのセンターを，延べ約1600人が利用しました．ここではラジオ・チームの活動の様子を見ていきましょう．

■ドイツに続いての「ラジオ・フォーラム」

　G8MNは映像，活字，ラジオなどさまざまなメディア実践者の集まりでした．その中のラジオ・チームの活動を世界コミュニティラジオ放送連盟（AMARC）がコーディネートしました．取り組みは「G8ラジオ・フォーラム2008」と名付けられ，アフリカ，南米，北米，ヨーロッパ，アジアから13人の記者が来日しました．また，国内からは12人のAMARCメンバーと，通訳などとして約15人の地元ボランティアが参加しました．

　期間中に制作した番組は100本以上になります．午後8時からはイタリア語，午後11時からはドイツ語，というように時間帯によって言語を変えて放送しました．放送といっても，札幌の天神山から世界に向けて電波を出したわけではありません．お金がかかりますからね……．まず，天神山のスタジオの音声をリアルタイムで(生で)インターネットにアップします．世界中のコミュニティラジオ局はインターネットを通じて送られてくる音声を，地上波に乗せて，各々のコミュニティに放送したのです．例えば南米では，この方法を使って約500の放送局が，

毎日札幌からの番組を生放送しました．

■ いつもの声によるレポート ───────

　23歳の若さでペルーから参加した先住民のミルザ・イノストローザさんは，日頃は先住民が多く暮らす村々に向けて，農業改善に関する番組を制作・放送しています．農村ではインターネットはもちろん，テレビや新聞はほとんど普及していません．しかし今回，人々は，日本の先住民族アイヌの土地・北海道から，いつもの声による生き生きとしたレポートを，いつものラジオを通じて，聞くことができたのです．　　　　　　　　　　　　　　　　　　　　　　　　　Ⓜ

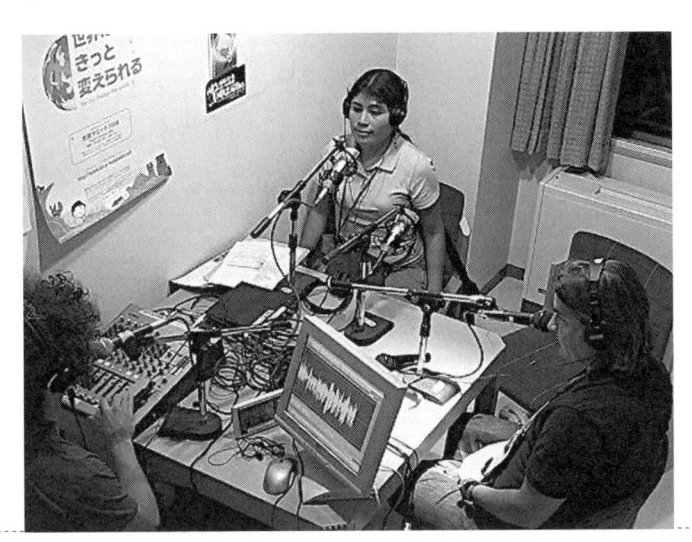

スペイン語放送を行う「ラジオ・フォーラム」参加者たち．一番奥がミルザ
＝2008年7月（撮影：松浦哲郎）

CHECK！「G8ラジオ・フォーラム2008」ウェブサイト http://www.g8-radioforum2008.org/

QUESTION！ 聞き慣れた「いつもの声」によるレポートには，どのような影響（効果）があるでしょうか？ いろいろな角度から考えてみましょう．

誤報はなぜ起こるのでしょうか？

ニュースは正確であることが求められます．記事の内容に誤りがあれば，事実を伝えることにはなりません．しかし，メディアの内部では「誤報」をゼロにすることは神業に近いと言われています．

■記者やデスクの確認不十分

誤報で最も多いのは，数字や固有名詞を誤るという単純ミス．記者やデスクによる確認が不十分なために起こります．誤報全体の半数以上を占めています．

地名や駅名，企業名などは，公式ウェブサイトなど確認する資料が別に存在します．が，一般人の氏名や年齢となると，取材した記者が正しく書き取る（聞き取る）しか間違いを防ぐ方法はありません．原稿をチェックする役のデスクは，著名人や公的な人物でない限り，確認できません．新人記者は，取材相手に固有名詞を聞いて不安な場合は，紙に書いてもらえと教えられます．思い込みは危険です．

電話番号や振込先の番号などを誤ると，実害が生じてしまいます．数字が並ぶ場合は，複数で読み合わせをするなど，念には念を入れる必要があります．

■情報源自身の事実誤認

きちんと取材していても，情報源が持っている情報自体が誤っている場合があります．元の情報が誤っていれば，結果的にメディアが伝えた内容が誤っていることになります．

2004年10月に発生した新潟県中越地震では，土砂崩れに巻き込まれた母子3人の発見をめぐり，現地の警察や消防などの情報が飛び交う中，複数の報道機関が一時「3人の生存確認」などと報道．ところが，誤報でした．2歳の男児は無事救出されたものの，母親は地震発生直後に死亡していたことが分かったからです．また3歳の女児も車の中で死亡していましました．

長岡市の災害対策本部に，現場からの無線情報として「レスキュー隊が3人の生存を確認」という情報が入った後，「子どもは生存」，「女性の声を確認」，「母子

誤報はなぜ起こるのでしょうか？　　143

の心臓の波形を確認」などの断片情報が次々と飛び込んできました．これらをつなぎ合わせて，通信社やテレビ局が「3人生存」と速報を流したのです．新潟県の担当者が「2人目を搬送」などと誤った事実を伝えるなど，混乱が続きました．最初の情報から約2時間後に，消防庁が「母親に生命徴候なし」と発表したため，各社はそれまでの報道を訂正しました．

　災害や事件の現場でも，救急隊員や捜査員であっても間違うことがあるし，情報が伝達される途中で「伝言ゲーム」のように歪んでしまうこともあります．複数の情報源に確認するという取材の大原則を守っていたとしても，誤報が避けられない場合もあるのです．

■予定稿の扱いミス ────────

　大きな出来事を予想して事前に社内で用意しておく原稿を「予定稿」と呼んでいます．実際にその出来事が起こらないと分からない日付や時間，場所などを，「●●」などの記号を使って後で穴埋めできるようにしておきます．不謹慎かもしれませんが，代表的なのは文化人や芸能人の死亡原稿です．

　予定稿を作るのは大きいニュースだから．確認できたら直ちに速報が求められます．予定稿は手直しをしないと使えません．しかし，時間が切迫した中での作業で，思わぬミスが生じやすくなります．英文毎日（Mainichi Daily News）は昭和天皇逝去の予定稿を，取扱いミスで紙面に掲載してしまったことがあります．

　誤報の原因を説明する中で，しばしば挙がるのは「速報を競っていたから」という理由です．しかしながら，速報は報道機関の使命．誤報を速報競争のせいにしていては，読者・視聴者の納得は得られないでしょう．

CHECK! 後藤文康『誤報──報道の死角』岩波書店（岩波新書），1996年．

QUESTION! ニュースとして，少し間違っても速いのと，少し遅くても正確なのと，どちらを選びますか．その理由は？

71 記事が捏造されたことが過去にあったのでしょうか？

「誤報」は意図していない間違い，いわば"過失"です．これに対して，「虚報」と呼ばれるものは，事実でないことを記者が"故意"に書いたものを指します．つまり，記事の捏造，でっち上げです．虚構の世界を作り上げてしまう．そんなことをする記者が本当にいるのでしょうか？ 朝日新聞の過去の例を2つ挙げておきます．

■架空の記者会見

1つは「伊藤律架空会見記」です．朝日新聞は1950年9月27日朝刊で，「宝塚山中に伊藤律氏 本社記者が会見」という特ダネ記事を掲載しました．同年6月，連合軍総司令部の指令で公職追放になり潜伏中だった日本共産党幹部の伊藤律氏に，朝日新聞記者が単独で接触し，インタビューしたという内容です．「月光の下やつれた顔」などと伊藤氏の表情や，一問一答などが書かれていました．行方を追っていた捜査当局も大きな関心を示しました．

ところが，この記事は，神戸支局記者が最初から最後まで捏造したことが判明しました．朝日新聞は30日，記事の全文を取り消す社告を掲載し，関係者を処分しました．

もう1つは，この架空会見と比べても「より深刻」と，当時の朝日新聞社長が引責辞任した，いわゆる「サンゴ事件」です．

1989年4月20日付夕刊1面で，朝日新聞は『写'89』という環境シリーズ企画の1つとして，「サンゴ汚したK・Yってだれだ」との見出しで，記事とカラー写真を掲載しました．沖縄・八重山群島の西表島にある世界最大級のサンゴ礁が，心ないダイバーによって傷つけられたことを厳しく告発するものです．

記事は「これは一体なんのつもりだろう」で始まり，「将来の人たちが見たら，八〇年代日本人の記念碑になるに違いない．百年単位で育ってきたものを，瞬時に傷つけて恥じない．精神の貧しさの，すさんだ心の……」と嘆いてみせています．一方，記事よりもスペースが大きいカラー写真は，サンゴの表面に白く浮か

ぶ「KY」の文字を，横から熱帯魚がのぞき込むような構図になっています．

■ 自作自演だった「サンゴ事件」

　しかし，実際は朝日新聞のカメラマンによる自作自演でした．突き止めたのは地元のダイバーたちでした．「KY」の文字は「前日まではなかった」．無傷だったサンゴをストロボの柄で削り，それを写真に収めたのはカメラマン自身でした．ダイバーに濡れ衣を着せる形で，「一体なんのつもりだろう」などと正義の告発者を装ったのです．

　朝日新聞は事実の確認に手間取りました．当初は，もともとあった落書きを「撮影効果を上げるため」にカメラマンがこすったなどと釈明していました．「落書き，ねつ造でした　深くおわびします」という社告を1面に掲載したのは，記事掲載から1カ月後のことでした．

　読者からの抗議電話は千数百件．「ただ謝り続けるしかなかった」とベテラン写真部員は振り返っています．

サンゴ写真の捏造を謝罪する朝日新聞の記事

毎日新聞旧石器遺跡取材班『発掘捏造』新潮社（新潮文庫），2003年．

虚報を防ぐ具体的な方法はあるのでしょうか？

72 「訂正・おわび」はいつ，どんなときに出すのでしょうか？

■求められる正確性

　新聞の紙面では，次のような囲み記事を見かけることがあります．

　〈おわび　20日付の記事「日航の事業再生計画案骨子」で「ホテル，旅行業などからの撤退」とあるのは「ホテル，旅行業などの中核事業を除き，子会社を売却・清算」の誤りでした．計画案では，ホテル，旅行業はグループ企業に残して営業する方針です．3面の「利用者への影響は」の記事で，（中略）という部分も削除します．おわびして訂正します．〉（朝日新聞2010年1月21日朝刊1面）．

　〈訂正　18日付34面の「刻みこむ　阪神大震災15年」の写真説明の中で，5時46分で止まった目覚まし時計を持って亡き親友の慰霊に訪れた男性の名前が「△裕史さん」とあるのは，「▽裕史さん」の誤りでした．訂正します〉（朝日新聞2010年1月22日朝刊 大阪本社版30面）（注：氏名のうち「△」「▽」は，紙面上は実名）．

　どのような場合に，このような「おわび」や「訂正」を掲載するのでしょうか？
　ニュースは正確であることが何よりも求められます．日本新聞協会の新聞倫理綱領には「新聞の責務は，正確で公正な記事と責任ある論評によって……」，「報道は正確かつ公正でなければならず……」などの文言が刻まれています．また，朝日新聞の記者行動規範には「市民生活に必要とされる情報を正確かつ迅速に提供します」，読売新聞のそれにも「新聞への信頼は，正確かつ公正な報道と良識ある取材から生まれる」と書かれています．このように，正確性は極めて重要な基準であると言えます．

　しかし，報道の送り手が生身の人間である限り，誤報は避けて通れないと言えます．間違いがないようにするには幾重ものチェックが必要です．とはいっても，速報性が求められ，それに応えようとするのがメディアの宿命なのです．

■影響が大きい場合は「おわび」

　新聞が間違った報道をすれば，読者の信頼を失います．その場合，誤りを誤り

だとはっきりと認め，訂正することによって信頼を回復するしか方法はありません．その役割を担うのが「おわび」や「訂正」の記事だと言えます．

　これらは外形上，「おわび（おわびと訂正）」記事と，単なる「訂正」記事とに分かれます．まず，後者の「訂正」記事は，人名や数字，写真説明の間違いなど，比較的小さな事実関係に関する誤りを正すときに用いられます．前ページの2番目の事例では，写真説明の中の人名（苗字）を間違っていました．

　これに対して「おわび」記事は，「訂正」の場合よりも，間違った情報による影響や被害が大きい事例に適用されます．「おわびします」などという謝罪の文言を必ず入れます．内容を訂正するとともに，関係者や読者に対して謝罪します．前ページの1番目の事例がこれに当たります．業界用語で「わび訂」と呼ばれています．

　新聞の「おわび」や「訂正」の記事はどのくらいの頻度で登場するのでしょうか？　次のようなデータが参考になります．

	2004年	2005年	2006年
朝日新聞	140	146	144
読売新聞	68	57	62

　一見すると，朝日新聞が読売新聞よりも記事の誤りが多いように思えますが，必ずしもそうではありません．読売新聞よりも朝日新聞の方が，潔く誤りを認めている傾向にあるとは言えるようです．朝日新聞は1987年のいわゆるサンゴ事件（144 - 145頁参照）を境に，訂正記事を大幅に増やしたと言われています．

日本新聞協会の新聞倫理綱領　http://www.pressnet.or.jp/info/rinri/rinri.htm

「訂正・おわび」の記事で納得できないものはありませんか？　具体例を挙げ，納得できない理由を挙げてください．

73 実名で事件を報道するのはなぜですか？

■氏名は報道の重要な要素

　そもそも，なぜマスメディアは事件を報道し続けるのでしょうか．朝日新聞は『事件の取材と報道』という本の中で，自らの考え方を次のように説明しています．1つ目は，同種の事件の再発を防ぐために情報を共有する必要があるため．2つ目は，事件の被害者や容疑者の関係者にいち早く知らせるため．3つ目は，国民の「知る権利」に応えるため．4つ目は，社会の不正や構造悪を解明するため．事件報道がなくなると，私たちの社会や地域で実際どのような犯罪が起こっているのか，分からなくなってしまいます．安心して市民生活を送るには，犯罪に関する情報も必要なのです．

　マスメディアは事件報道においても，他の報道と同じように，当事者の名前を実名で伝えるのを原則としています．それはなぜなのでしょうか？

　それは「氏名はその人がその人であることの基礎であり，社会の一員である証だ．私たちは人を「その他大勢」とか「記号」のようにみてはならない」（『事件の取材と報道』15-16頁）からだと言えます．

　具体的には，①犯罪者あるいは容疑者が「だれ」かは，ニュースの基本要素「5W1H」の1つとして欠かせない．②人の安否に関する情報を広く社会に伝える意味がある．③捜査機関に恣意的な情報隠しや誤りがないか，市民の側からの監視を容易にする，などの理由を挙げることができます．このうち③は，捜査機関が逮捕者の氏名さえ明らかにしなくなれば，権力行使が適正に行われているかさえ分からなくなってしまうということです．マスメディアは，容疑者の関係者や被害者の家族ら対する取材を始めることさえできません．

■「原則匿名」の立場も

　こうした「原則実名」の立場に対して，一部の研究者などからは，原則的に事件は匿名で報道とすべきだ，という主張が唱えられています．警察の発表に従って，マスメディアが被疑者として実名で報道してしまえば，その後不起訴になっ

たり，無罪となったりした場合でも，社会的な制裁を受けた後では取り返しがつかない，というのが主だった理由です．裁判では判決が確定するまで「推定無罪の原則」が適用されるからです．諸外国の中ではスウェーデンが，「原則匿名」の報道を行っていることで知られています．

なお，かつては記事の中で，容疑者は「実名呼び捨て」扱いされていました．容疑者の基本的人権の観点から，マスメディアが「○○容疑者」と記述するように切り替えたのは，1989年ごろのことです．それでも犯罪者のイメージをどうしても植え付けてしまう面があるのは否定できません．

このような「原則匿名」の立場について，「原則実名」を貫いているマスメディアの側は，次のような疑問を投げ掛けます．「容疑者として逮捕されたのは誰か，被害にあったのはだれかが人々に全く知らされることのない社会は，社会として本当に望ましいものだろうか」(同16頁)．

さらに，匿名報道は，「犯人捜し」や「疑心暗鬼」を広げる恐れがあり，実名報道が無責任なうわさの一人歩きを防ぐ役割を果たすこともあるのだと指摘しています．根底には，"匿名社会"は望ましくないという考え方があるからでしょう．

しかし，マスメディアは「原則実名」だとしても，例外として匿名で報じる場合があるとしています．性犯罪の被害者などとともに，少年（未成年）の容疑者や，心神喪失で刑事責任能力が問われない可能性がある容疑者は，例外的に氏名を出さずに報道することにしています．

実名で報じるか，匿名で報じるかは，場合によっては非常に難しい判断となります．事件の重大性や，実名報道による不利益などを総合的に勘案して判断するしかありません．

CHECK! 高山文彦『少年犯罪実名報道』文藝春秋（文春新書），2002年．

QUESTION! 事件の報道でテレビのニュースが，関係者の顔にモザイクを掛ける場合があります．どんな場合でしょうか？　またモザイク処理はなぜ必要なのでしょうか？

少年事件の容疑者はなぜ匿名で報じられるのですか？

■少年法 61 条による報道の規制

　マスメディアは，20歳未満の少年が起こした事件をどのように伝えるべきなのでしょうか．この問題に関係してくる法律が少年法61条です．同条は次のように少年事件の報道を規制しています．

　〈家庭裁判所の審判に付された少年又は少年のとき犯した罪により公訴を提起された者については，氏名，年齢，職業，住居，容ぼう等によりその者が当該事件の本人であることを推知することができるような記事又は写真を新聞紙その他の出版物に掲載してはならない〉

　この条文をどう解釈すればよいのでしょうか．少年事件では少年の実名を報道することは例外なく認められないのでしょうか．憲法で保障された表現の自由（21条）を侵すことにはならないのでしょうか．判例も学説もそれぞれ相当な対立があり，活発な論争が展開されています．

　少年法61条のような，報道に対する法的な規制との関係については，日本新聞協会が1958年12月に「新聞協会の少年法第61条の扱いの方針」を発表し，一定の見解を示しています．

　〈少年法第61条は，未成熟な少年を保護し，その将来の更生を可能にするためのものであるから，新聞は少年たちの"親"の立場に立って，法の精神を実せんすべきである．罰則がつけられていないのは，新聞の自主的規制に待とうとの趣旨によるものなので，新聞はいっそう社会的責任を痛感しなければならない．すなわち，20歳未満の非行少年の氏名，写真などは，紙面に掲載すべきではない〉．

　そして，この後に，2つの例外項目を挙げ，〈少年保護よりも社会的利益の擁護が強く優先する特殊な場合〉は，氏名や写真の認めるべきであるとしています．その2つの場合というのは，〈1　逃走中で，放火，殺人など凶悪な累犯が明白に予想される場合〉と，〈2　指名手配中の犯人捜査に協力する場合〉です．

　マスメディア各社はそれぞれが報道のガイドラインを作成していますが，少年が加害者となっている事件については，上記の新聞協会の方針に沿った内容に

なっています．つまり，少年法61条は尊重するものの，歴史的重大な少年事件では，独自に判断して，実名も含め，少年法61条が禁じている，少年本人と推知される報道もあり得る，としています．具体的には，たとえ20歳未満の少年による犯罪であっても，その犯罪が重大であればあるほど，マスメディアは本人の実名のほか，住所や学校名，生い立ち，家庭環境，学校での成績，交友関係などを，いっそう詳しく伝えようとします．

■各社で判断が分かれる例も

　凶悪な事件では，実名か匿名かで，マスメディアの判断が揺れる場合があります．事例を1つ挙げましょう．2006年8月，山口県周南市の高等専門学校で5年生の女子学生（当時20歳）が殺害された事件では，各社の対応が分かれました．山口県警は事件発生後，同級生の男子学生（当時19歳）の殺人容疑で逮捕状を取り，指名手配し，行方を追いました．発生から10日後，県内の山中で，男子学生が自殺しているのが発見されました．

　発生当初から新聞各紙は，事件現場となった学校名，犯行の態様，被害者となった女子学生の実名と顔写真などを報じました．少年の氏名は匿名でした．各社の対応が分かれたのは，少年の遺体が発見されて以降です．全国紙の中では読売新聞だけが，少年の実名と顔写真を掲載しました．新聞以外のメディアでは，日本テレビとテレビ朝日が，遺体が発見され，少年本人と確認された日の夕方から，実名と顔写真を流しました．これらに対して，読売新聞以外の全国紙や地方紙は，少年の死亡確認後も匿名を維持しました．

日本新聞協会のウェブサイト（http://www.pressnet.or.jp/）に掲載されている「新聞協会の少年法第61条の扱いの方針」．

重大な事件の場合でも，容疑者が少年であれば匿名で報じるべきでしょうか？

ジャーナリストを育てるのは誰ですか？①

　ジャーナリストを本当の意味で育てていくのは誰でしょうか？　職場の上司でしょうか？　取材相手である政治家でしょうか？　どちらも間違いではありませんが，ジャーナリストの育成に，より大きな責任を負っているのは，私たち市民だと考えてみたいと思います．ジャーナリストを叱咤激励し，時には力強くサポートし，本来の責務をきちんと果たさせるという役割の中心を担うのは，市民なのです．では，具体的にどんな「叱咤激励の方法」があるのか，見ていきましょう．

■自分の意見をジャーナリストに伝えよう ───────

　新聞を読んだりテレビやラジオの報道に接したりしていて，「こんな報道の仕方はおかしい」と思ったことはありませんか？　最近では報道に対する不満や批判が，「2ちゃんねる」や「mixi」といったウェブサイトに数多く書き込まれるようになりました．多くの人々と感想や意見を共有する上で，その役割は日増しに強まる傾向にあります．報道関係者も，ウェブサイト上で交わされる情報に無関心ではいられなくなりました．「番組ホームページや，配信記事へのアクセス数が気になる」という報道関係者の声をよく耳にします．

　しかし「叱咤」であれ，「激励」であれ，最も基本的な方法は，直接報道機関や担当記者へメッセージを伝えることです．古典的な方法ならば手紙．そうでなければファクスか電子メールで．いずれにしても文字にして伝えることが重要です．「どの部分の，どんな点が，なぜ不満なのか」を丁寧に説明することが重要です．

　感情的になって，当たり散らしても，あまり意味がありません．「お客様センター」のような係に電話をして怒鳴り倒しても，喉が涸れるだけです．一応どんな内容の電話があったかは，ほとんどの場合文章になって担当部署にも回るようになっています．でも感情的な言い方ばかりでは，説得力がありませんね．

■ジャーナリストも1人の人間 ───────

　報道機関で働くプロの記者たちは，自分が所属する組織内や業界内での評判や評価をとても気にしています．その反面，「外部」からのコメント（特に批判）へ

の敏感さを欠いてしまうケースがあるようです．

　「人の意見を聞かないのはジャーナリストじゃない」と批判する前に考えてみてください．私たちだって，それぞれの立場において，同じような傾向を抱えていませんか？　ジャーナリストも，職業人としてのジャーナリストである前に，1人の人間です．給与を得て生計を立てる会社員であるという側面もあります．大きな組織の縛りやしがらみの中，ギリギリのところで自身の良心や生活と折り合いをつけながら，悩みながらも仕事に励む記者も少なからずいます．

　だからこそ，市民からの冷静で建設的な批評や励ましが，絶えず必要なのです．いくつかは必ず良心的なジャーナリストの心に響くはずです． Ⓜ

意見先のメールアドレスなどが掲載されている記事もある（左）．無い場合は意見先窓口に電話をして聞いてみよう（右）．（写真は加工処理してあります．）

CHECK! 日垣隆『戦場取材では食えなかったけれど』幻冬舎（幻冬舎新書），2009年．

QUESTION! 新聞の投書欄に寄せられる読者からの声にはどのようなものがありますか？　その特徴は何でしょうか？

ジャーナリストを育てるのは誰ですか？②

　ジャーナリストを文章で「叱咤激励」しようという話をしました．「他にも効果的な方法があるじゃないか」と思ったとしたら，ジャーナリストの素質があるかもしれません．効果的な方法の1つは，実際に会って話をすることです．

■ジャーナリストと市民との交流の場

　京都市の中心部（中京区）に2003年3月に開局したコミュニティFM局「京都三条ラジオカフェ」は，日本で初めてNPO法人（特定非営利活動法人）が放送免許を取得した事例として知られています．そのラジオカフェを会場に毎月1回，「京都メディアフォーラム」が開かれています．ジャーナリストやさまざまな形でメディアに関わっている人たちをゲストに招き，話を聞き，議論を行い，交流する場です．

　メディアの現場が抱える課題をゲストが話をした時には，参加者が改善のためのアイデアを出します．メディアのプロが「当たり前」とか「仕方がない」と考えていることに対して，参加者から厳しい意見が飛ぶこともあります．また，ユニークなメディアを活用をしているゲストから，発信のノウハウを学んだりもします．

　これまで50回以上開催していますが，新聞記者，テレビ・ラジオ放送局制作スタッフ，書籍・雑誌編集者，作家，映画監督など，幅広い分野からゲストが登場しています．その道のベテランだけではなく，若手も多く参加しているのが特徴です．

■ジャーナリストを「送り出す」のは私たち

　「日本のジャーナリズムはどうしようもない」と言う人がいます．その際に重要なのは，その言い方だと筆者は思っています．まるで他人ごとのように言うのか，自分のこととして言うのか，という点です．「自分のこととして言う」のであれば，もちろん私たち自身が責任を負っていることになりますね．私たち1人ひとりが，ジャーナリズムのあり方に深く関わっている，と思ってほしいのです．

1人の市民の質問には見向きもしない政治家や大組織が，メディアの記者の取材には応じることが多々あります．なぜでしょうか？　それは，1人のジャーナリストの背後にいる，多数の読者や視聴者の存在を，取材を受ける側が意識するからです．「都合の良いことはより多くに知ってもらいたい．都合の悪いことでも，取材拒否すれば，やっぱり何かやましいことがあるのでは，と思われてしまう」──．取材される側に働く心理です．

　私たちが知りたいこと，知る必要のあることについて，ジャーナリストはいわば私たちの「代表」として取材に当たるわけです．私たちの「知る権利」を実現するために取材し，報道する．ですからその仕事ぶりに関心を払い，叱咤激励することは，私たちの大切な務めなのです．

Ⓜ

「京都メディアフォーラム」の会場＝2010年1月（撮影：松浦哲郎）

CHECK!　「京都メディアフォーラム」ウェブサイト　http://kyoto-media-forum.seesaa.net/

QUESTION!　ここで紹介した以外に，メディア関係者と市民との間にどのような「交流の場」があるでしょうか？　具体的に挙げてみましょう．

77 Dangerous Occupation

ジャーナリストは危ない職業なのでしょうか？

　みなさんの中には，将来のジャーナリストを夢見ている人もいるでしょう．そんなみなさんを脅かすようで申し訳ないのですが，戦争や紛争，災害などの現場で取材活動に当たるジャーナリストは，やはり危険な職業だと言わざるを得ません．ユネスコ（国連教育科学文化機関，UNESCO）の発表によれば，この10年で，およそ350人のジャーナリストが，紛争地帯で命を落としています．経験とノウハウによってリスクを減らすことはできますが，ある程度の危険性は覚悟しなければなりません．

■**権力との対峙が生む危険**

　ジャーナリストの身の危険は，何も特別な取材へ出た時だけに生じるのではありません．自らの国，地域での日常的な取材報道が，ジャーナリスト本来の責務である権力の監視や批判という役割を果たすものであればあるほど，また，その内容が正確で説得力を持てば持つほど，批判の対象とされた勢力は，そのジャーナリストの存在を疎ましく思うでしょう．暴力によってジャーナリストの抹殺を図る事件が増加しています．他のジャーナリストやメディア関係者への「見せしめ」効果をも狙っているのです．

　フィリピンの首都マニラから500キロほど北にあるカガヤン地方でラジオ・カガヤノ（Radyo Cagayano）が放送を開始したのは2006年5月25日．軍部に批判的な放送を行ったことから，同年7月2日に兵士と見られる8人の武装集団により焼き打ちにあいました．居合わせたスタッフ6人のうち3人が，重軽傷を負い，建物は完全に灰と化しました．同じく11月27日には，このラジオ局で番組制作を行っていた地元の農民グループのリーダー Antony Licyayo（当時38歳）が，1歳半の息子と共に自身の畑へバイクで移動中に，拳銃で頭を射抜かれて死亡しました．

　メキシコでは2008年11月24日に，環境問題を専門とするジャーナリスト Jose Emilio Galindo Robles（当時43歳）が自宅で殺害されています．工場などから排出

される有毒廃棄物が，国内で最も汚染が深刻なサンティアゴ川に捨てられている問題について取材を行っていました．国際ジャーナリスト連盟（IFJ, International Federation of Journalists）によれば，2000年以降，メキシコでは50人以上のメディア関係者が暗殺されています．

■国際的な連帯の必要性

　ある国や地域で，言論・表現の自由や，報道の自由，ジャーナリストの安全が脅かされた際に，当事国の関係者だけで対処しても，権力側には十分なプレッシャーとはなりません．国際組織が連帯し，ユネスコなどの国連機関と協力しながら，国際社会として，事実関係の解明を求めたり，再発防止を要請したりする必要があります．

　IFJは，ベルギーのブリュッセルに本部を置く，ジャーナリズムの国際組織です．「ジャーナリスト安全基金」をつくり，拘束されたジャーナリストの救出活動や，ジャーナリストが犠牲になった際の遺族への支援なども行っています．また，表現の自由のための世界的ネットワークであるIFEX（International Freedom of Expression eXchange）には，IFJ，AMARC（世界コミュニティラジオ放送連盟），ARTICLE19（アーティクル・ナインティーン），「国境なき記者団」など，ジャーナリズムや言論・表現・報道の自由の保障と促進に関わる世界80以上の組織が加盟しており，国際的連帯活動のコーディネーターとして，重要な役割を果たしています．ラジオ・カガヤノの事件を含む，ジャーナリストを標的とした事件の発生時や，言論・表現・報道の自由にとって好ましくない政治状況や法律が生まれそうな時など，これらの組織が共同で活動を行い，存在感を発揮しています． Ⓜ

「IFJ-Tokyo」ウェブサイト　http://ifj-tokyo.org/

国内のジャーナリストが集まる組織を具体的に挙げてみましょう．

78 MANAGEMENT OF NEWSPAPER COMPANY

新聞社の経営はどうなっているのでしょうか？

ジャーナリズムを支える新聞社の経営はどうなっているのでしょうか？

■販売が5割以上，広告は3割

いくつかの指標と数字を挙げながら，国内新聞社の経営状況をみてみましょう。

（単位：億円）

	1998年	2007年度
総売上高	24,848（100％）	22,182（100％）
販売収入	12,927（ 52％）	12,434（ 56％）
広告収入	8,584（ 35％）	6,657（ 30％）
その他	3,337（ 13％）	3,080（ 14％）

日本新聞協会「データブック日本の新聞2009」より

新聞社の経営基盤は販売収入と広告収入です。2007年度では，販売が56％，広告が30％を占めています。販売収入が半分以上を占め，しかも安定しているのが特徴です。戸別配達率が94％以上という宅配制度が整備されていることを裏付けています。

これに対して，米国の新聞は，広告の割合が非常に高いのが特色です。広告と販売の比率が8対2ぐらいの割合になります。米国の景気低迷は新聞の広告収入を直撃しました。2005年からの3年間で，新聞の総発行部数は9％減少しましたが，広告の売上高はその3倍，27％も激減しました。西海岸のロサンゼルス・タイムズ（発行部数72万部）や中西部のシカゴ・トリビューン（50万部），東海岸のフィラデルフィア・インクワイアラー（29万部）など，名門中の名門と言われる新聞社が相次いで経営破綻したのもうなずけます。

もう一度，国内の新聞産業に戻りましょう。新聞社の総売上高は，1998年から多少の上下を繰り返しながら，2007年度は2兆2182億円まで減少しました。ここ10年では最低です。率に直すと10.7％の減少です。その内訳をみると，新聞の販売収入の減少は約4％に留まっているものの，広告収入が22％も大きく落ち込んでいます。

新聞紙面における広告の比率を，新聞広告掲載率と呼んでいます．2000年までは40％を超えていましたが，徐々に減少し，2008年には35％にまで下がりました．つまり，新聞の紙面に広告が入らなくなっているということです．特に自動車や不動産の広告が減っています．

収入が下降する中で，経営者が考えるのは経費の削減です．新聞・通信社の従業員数のピークは1992年の6万7356人でした．2008年はその74％，5万42人にまで減少しています．新聞業界全体が苦境に立たされています．

■新聞読者は高齢化

新聞は誰にどのくらい読まれているのでしょうか？ ビデオリサーチ社の2007年の調査によると，「全く読まない」人は18％．前年よりも3.2ポイントも増加しています．NHK放送文化研究所の調査によると，2005年の調査時点で平日に新聞を読んでいる人は44％で，10年前に比べ8％，5年前に比べ5％減少しています．年代別にみると，この10年間で男性の30-50代で大きく落ち込んでいることが分かります．10年前に既に3人に1人しか読まなかった20代が，30代になってもほぼ同じ率（29％）に留まっています．10年前の30-40代（2005年の40-50代）は，55-67％から41-56％へと，がくんと落ち込んでいます．読者の高齢化は明らかです．

大学生が新聞を定期購読していると珍しがられる時代になりました．若年層の新聞離れは顕著です．新聞業界は「教育に新聞を（NIE, Newspaper in Education）」という活動を広めようとしていますが，十分な効果を上げているとは言えないのが現状です．

紙の新聞の読者をどうつなぎ止めるか．その一方で，携帯電話やインターネット上でどのようなニュース配信を行い，どう収入に結びつけていくのか．新聞社による新たなビジネスモデルの模索が続いています．

NHK放送文化研究所『2005年国民生活時間調査報告書』http://www.nhk.or.jp/bunken/research/life/life_20060210.pdf

スポンサーにとって新聞の広告は魅力がなくなりつつあるのでしょうか？

新聞の宅配制度は日本だけにある「制度」なのですか？

　米国や韓国にも，一応，宅配制度（新聞戸別宅配制度）はあります．一応あるという意味は，日本のように国の隅々まで，しかも，全体発行部数の9割以上を朝晩，各家庭に丁寧に配るシステムをもっているわけではない，という意味です．
　今，世界的に新聞が読まれなくなり，新聞離れが進む中，日本だけは新聞離れが緩やかな減少に止まっているのは，宅配制度のおかげであると言われています．

■高い購読率を支えている

　早朝，出勤前にコーヒーを片手に，インクの匂いのする新聞をめくるという風景は，日本の標準的な家庭の1日の始まりとも言えるでしょう．それは，一見贅沢に見えるかもしれませんが，日本中のほとんどの家庭が，購読料さえ払えばそういうことが可能になっている，というのも日本だけかもしれません．日本には現在（2008年10月現在），約2万店の新聞販売店があります．そこで働く人の人数は約41万7000人で，売上げが1兆2400億円を超えますから，宅配制度そのものが巨大産業として成り立っていることが分かるでしょう．
　しかし，宅配制度が，日本の高い購読率を支えている代わりに，新聞産業の足を引っ張っているとも言われています．すなわち，配達にかかる費用があまりにも大きいからです．
　日本の新聞は現在，約55％を販売収入，約30％を広告収入で賄っています．ですから購読者の確保は新聞社経営にとって非常に大事です．購読者が増えれば，購読料が増えるだけでなく，広告料金も販売部数に比例して増えるから，発行部数は死活問題でもありますが，そのために，収入のほぼ半分（公式には45％前後と言われている）を宅配につぎ込んでいるわけです．

■新聞産業の足を引っ張っている部分も

　日本の新聞は世界一高いと言われています．1カ月の新聞購読料が，大学を卒業したサラリーマンの初任給の2％～3％に相当しますから，本当に必要のない人は読もうとしないはずですね．それでも販売部数が極端に落ち込まないのは，

宅配制度があるからだとも言われます．しかし，宅配制度を維持するために，高コストを維持せざるを得ないというディレンマに陥っているのです．

　また，宅配制度をめぐっては，いろいろな問題も指摘されています．2009年に，週刊誌に新聞社の「押し紙」問題が大々的に報道されました．「押し紙」とは，簡単に言えば，新聞社が販売店に必要部数以上の新聞を押し付けることを言います．販売店の配達部数は決まっていますから，それ以上のものは捨てざるを得ない．では，なぜ，必要もないのに，新聞をたくさん刷って，販売店に配るのでしょう．新聞社は，それで損失を被るのではないか，と考える人もいるかもしれませんが，そこにまた宅配制度が抱えている問題が潜んでいるのです．

　新聞社は，発行部数が多ければ多いほど，それに比例して広告収入が増える，各販売店は，宅配部数が多ければ多いほど，新聞社からいろんな優遇を受ける構造になっています．ノルマ以上の部数を配布したら，入荷価格を安くしてもらったり，奨励金のような補助が出たり，新聞に挟んで配布するチラシ広告収入も増える．ですから，結果的には，必要部数以上の新聞を刷ることになる．そこで，新聞のコストはますます高くなる．このような悪循環も懸念されています． Ⓡ

街角にある新聞販売店＝2010年3月，神戸市東灘区

CHECK！　湯浅正敏〔ほか〕『メディア産業論』有斐閣（有斐閣コンパクト），2006年．

QUESTION！　なぜ，宅配制度が日本の新聞を支えていると言えるのでしょうか？

新聞の未来はどうなるのですか？

　ファクスが普及し始めたころ，紙がそのまま電話線を通って相手の所に届くと思って，ペーパーを送ろうとしたところ，その紙が「行かず」，そのまま出てくるので，何度も何度も繰り返し送った，という話を聞いたことがあります．これは，わずか20年前の話です．

　新聞を，郵便や宅配ではなく，電波で送ることができるとしたら，何が起こるでしょうか．まず，新聞販売店がなくなるでしょう．40万人以上も働く職場がなくなる代わりに新聞購読料は半分以下になるかもしれません．

■限りなく新聞紙に近い「電子ペーパー」

　新聞を電波で配布するのは既存の技術でも可能です．読者は，新聞紙を印字できる大きなファクスを家に設置します．新聞社は，すべての読者に1枚ずつファクスでその日の新聞を送る，という方法です．馬鹿な．そんなことできるわけがない．800万の家庭に，30ページ近い新聞を1枚ずつファクスで送るなんてコストは別にして，無理に決まっている，と思うでしょう．

　ところが，それが，現実になるかもしれません．もちろん，今のようなファクスを使うわけではありません．端末は，ファクス機ではなく，電子紙を使います．新聞社は，1枚ずつ紙をファクスでおくるのではなく，コンピュータで紙面をそのまま一斉に，何百万，何千万の読者に送るのです．

　写真を見てください．この「新聞紙」は，韓国LGが開発した電子ペーパーですが，ほとんど普通の紙に近い．写真の電子ペーパーは，大きさが19インチのもの．すなわち幅250ミリに，縦400ミリ（A3を一回り小さくしたサイズ），厚さは0.3ミリしかなく，重さも300g．しかもこの紙は，ガラスではなくメタルフォイル上に作りあげたものなので，柔軟な折り曲げが可能で，かつひび割れなどもない丈夫なつくりになっています．

■生活様式も変わる

　電子ペーパーが，これから，かぎりなく本当の紙に近いものになるのは間違い

ないでしょう．人間は欲しいものは必ず手に入れる．そのために労力を惜しまなかったし，それが人間の進歩につながってきました．

電子ペーパーが実現すれば，新聞を送る技術は，すでに実現していますから，これからの新聞業界は想像を絶する変化が起こるでしょう．それが，新聞紙面の作りに，記者の取材行動に，編集者のあり方に影響するだけでなく，さらには，新聞社の経営を変えるのは間違いありません．

新聞業界だけではありません．製紙業，林業，運輸業その他関連産業も大きく変わるでしょう．日本に限らず地球上のどの国も，新聞作りに膨大な量の資源を消費しています．日本の場合，紙の生産に年間，直径22センチ，高さ18メートルの杉を約1億1000万本も使っている（NPO「熱帯林行動ネットワーク」の調査）と言われています．電子ペーパーの発明は，環境保護にも貢献するかもしれません．

このような技術の進歩は，新聞業界を変えるだけでなく，人間の生活様式を変えるでしょう．人類が2000年以上も当たり前に，日常的に手にもって，大事にしてきた書籍の形にも変わる．著者が直接，電子ペーパーに自分の作品を送る時代になったら，出版業界も変わらざるを得ない．そのとき人間はみんな，紙ではなく電子ペーパーを持って歩く．ちょっと寂しい気もしますが，逆に，わくわく期待も膨らみますね．

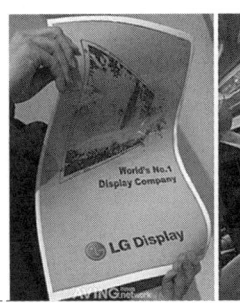

折り曲げのできる「電子ペーパー」（http://japanese.engadget.com/2010/01/15/lg-19/ より）

CHECK! 河内孝『次に来るメディアは何か』筑摩書房（ちくま新書），2010年．

QUESTION! 技術の進歩は，ジャーナリズムのあり方をどう変えてきたのでしょうか？

今後も新聞は必要ですか？ テレビやインターネットがあれば十分ではないでしょうか？

インターネットが現代社会においてどのような役割を果たしているかについては，複雑な問題を含んでいますので，ここでは新聞がなぜ必要なのかについてのみ説明することにしましょう．

確かに，携帯電話やインターネットで簡単にニュースをチェックすることができる時代になりましたので，わざわざ紙に文字を印刷して，それを読者のところまで運んで，1軒1軒配ったりするのは時代遅れの手法かもしれませんね．それに，紙の新聞は一度読んでから捨ててしまう人が多いのでもったいないし，資源の無駄遣いだと言えなくもありません．

■新聞は時代遅れ？

新聞をつくるために人間は膨大な資源を「浪費」しています．日本国民の1人当たりの紙・板紙消費量は年間239キログラムで，世界第7位です．環境に大変悪い影響を及ぼしているのは言うまでもありません．

そうは言っても，新聞は読む人が減り続ける可能性はあっても，決してなくならないと思います．読んだらすぐに捨てる人がいる一方で，新聞を大事に保管し，重要な記事を切り抜きして，ファイルに貼りつけてとっておく人もいます．

もちろん，そのような新聞が好きな，几帳面な読者がいるから新聞が必要だというわけではありません．新聞に残される記録は，人間の記憶として永遠に伝承され，残る．そこが新聞紙のもつ最大の価値と言えるかもしれません．新聞という印刷媒体の第一義的な意味はそこにあると考えてもいいと思います．その時代を記録し，その時代を後世に残す意味では大事な媒体です．ですから図書館や資料館，研究機関など施設では，新聞を永久保存しているところが多くあります．

他にも，新聞を読む人々たちの欲求を満足させるとか，感情を刺激したり，一人ひとりに対して，社会的な連帯感を感じさせたりするなど，いろいろな機能も持っていると言われています．しかし，このような機能はテレビも雑誌も，ラジオも持っているわけで，必ず新聞だけがもっている機能とは言えません．

■紙の新聞の魅力

　新聞には独特な魅力があります．朝コーヒーを飲みながら，新聞をめくるという一瞬の贅沢は，私たちの生活をより楽しく優雅にしてくれているのかもしれません．また，新聞は，いつでも，どこでも持ち歩くこともできますし，必要な記事は，簡単に切り抜いたり，保管したりすることができる．とにかく新聞は，もはや現代人の生活の一部になっているのです．

　それでも，資源の問題，製作コストや配達のコストが高いなど問題で，いつかはなくなるだろうと考える人は少なくありません．ただ，新聞が紙を使わなくなったとしても，紙に代わる素材が発明されるかもしれませんし，「新聞」という媒体がなくなることはないでしょう．

　新聞のジャーナリズムの担い手としての役割に，人々が期待している部分も大きいものがあります．一般的に，マスメディアの4つの機能，すなわち，報道機能 (to inform)，指導機能 (to influence)，娯楽機能 (to entertain)，広告機能 (to advertise) の中，新聞は，テレビやラジオ，雑誌より報道機能が断然優れた媒体であると言えるでしょう．テレビや雑誌，ラジオは「報道活動」（ニュースを報じ，社会を監視するなど）にせいぜい 16 - 25％のウェイトを置いていると言われますが，新聞は広告を除けば，ほとんどの紙面を報道活動に使っているからです．

佐々木俊尚『2011年新聞・テレビ消滅』文藝春秋（文春新書），2009年．

なぜ，民主的な社会には新聞が必要ですか？

新聞の行方を考えるシンポジウム①
——新聞産業が置かれている現状

「いま新聞が問われているもの」——ジャーナリズム研究関西の会主催による60周年記念シンポジウムが2009年12月10日，大阪市内で開かれました．朝日新聞の横井正彦，毎日新聞の岸本卓也，神戸新聞の林芳樹の各編集局長をパネリストに，織田峰彦・元読売新聞大阪論説委員長がコーディネーターとなって活発な討論が繰り広げられました．その一部内容を抜粋します．

■新聞不況の中で

織田（元読売新聞） 新聞は今，不況の真っただ中にあります．新聞がジャーナリズムの中心としてどういう役目を担っているのでしょうか．

横井（朝日新聞） 大変新聞は厳しい経営状況にあります．この5年間で広告収入は5割減，新聞販売自体も大変厳しいものがあります．一方，コンテンツ面で見ると，読者の信頼を失ってきたことが挙げられます．読者が望む記事を提供できたのか疑問が残っています．

林（神戸新聞） 編集局長になって，逆風が吹き始めました．広告減による紙面の減ページ．収容する記事も減らさなければならない．ニュースをそれと併せてどう絞り込んでいくのか頭の痛いところです．今年5月に紙齢4万号迎えたのを機に，編集理念を変えようと6人のメンバーで会議を開いてきました．最終的に「もっと近く，もっと深く」という単純明快なものが出来上がりました．地域版を強化するため80人の市民レポーターにホームページに載せる記事を書いてもらっています．いい記事があれば地方版に載せています．

■提携の模索

岸本（毎日新聞） ジャーナリズムの危機です．例えば2005年そして2009年の選挙は，はっきり言ってテレビが作った選挙でした．新聞が市民に目を向けて記事を書いているのか疑問です．例えば官僚用語や外来語をやたらに使っていて，市民に向いた新聞を作っていないんじゃないかと思います．その市民も「私民」，つまり，他人の生活がどうなっているのか関心がなく，交流もない状況です．2005年

に個人情報保護法ができて，重要な情報の隠蔽が行われています．健全な社会を作るための紙面，市民あるいは一般読者との交流，そして送り手としては「読者目線」が必要となっています．

織田 新聞危機が叫ばれている中で，読売，朝日，日経3紙の提携，それと共同通信に全国紙の毎日新聞が再加盟することが明らかにされました．日々の発表ものは共同通信の記事を使い，その分，毎日新聞は調査報道に力を入れることができると言っていますが，そのあたりはいかがですか．

岸本 同業者と連携できればメリットは大きいです．共同通信との提携はこれから具体的になっていきます．まず，紙面作りのメリットとして「脱 発表ジャーナリズム」があります．第1報だけでなく，より深い取材ができることにもなります．国内の記事をもらうとなると共同通信に本記（注：ストレートニュース）を，毎日は受けの原稿（注：本記を基にした関連記事）で深い記事を書くことができます．2010年4月1日からは「脱 発表ジャーナリズム」を示していきたいです．

横井 共同通信に再加盟するわけですが，ニュースの速報性がどうなるかですね．朝日新聞は，朝日放送と提携しましたが，同業他社との提携はどんどん出てくると思います．

林 神戸新聞のほかにも静岡新聞，南日本新聞，河北新聞などで「火曜会」という会合を開きましたが，疑問が噴出しました．共同通信からの同じ記事が，地方紙と毎日新聞の両方に掲載されることになれば，新聞の販売競争はもっと激しくなります．

河内孝『新聞社——破綻したビジネスモデル』新潮社（新潮新書），2004年．

紙媒体としての新聞は将来なくなるのでしょうか？　その理由は？

83 新聞の行方を考えるシンポジウム②
——取材・報道を取り巻く現状

　前項に引き続き，同じシンポジウムのやりとりから，新聞の取材・報道を取り巻く現状を考えます．

■人権侵害

織田　紙面のことに話を変えますが，誤報などメディアの傲慢さが出てきていることが指摘されています．特にメディアによる人権侵害が最近も問題になっています．

横井　ジャーナリズムはこれまでいろんな権力者と戦ってきました．そのバックには市民はもちろん，弁護士や学者がついていました．しかし，大阪教育大付属池田小学校の事件や和歌山の毒物カレー事件などで，メディアスクラム（集団的過熱的取材）などが理由で，これまで支えてきてくれた人が今はいなくなってしまっています．それと「匿名社会」の恐ろしさを，もう一度記者を通じて人々に伝えていかなければならないですね．

林　個人情報の問題でも社会が過剰反応してしまっていると感じています．捜査当局や消防，病院，企業などは，大事故でもすぐに「個人情報」を理由に取材を拒否していますが，現場の記者はそのつど相手を説得してやっているようです．

織田　黙っていたらどこまでも行ってしまう危険性がありますね．

岸本　権力側は一律に個人情報保護の網をかぶせようとしています．そして取材する方も大事件が起こるとすぐにメディアスクラムを組んで過剰な取材をする傾向にあります．節度ある取材を行わなければなりません．

織田　若者の読者離れは激しいものがあります．大学生の18-19歳は読んでも，10分くらいしか読んでいなそうです．

林　活字離れだけでなくテレビも見なくなった．代わりに登場したのが携帯電話です．若者は新聞記事は，物事を偉そうに言っている，高見から書いていると思っています．そうならないように，コラムもそうですが，「……すべきである」といった言い回しにならないよう注意をしています．

■「続報主義」に疑問

織田　夕刊は続報しか書かない.

横井　夕刊の3版（注：締め切りが比較的遅い都市版），4版（最終版）で記事にしたものは，翌日の朝刊13版（注：締め切りが比較的遅い都市版）で続報し，14版（最終版）には新しいニュースを入れてしまいます．朝刊で続報を読んでも全体の内容がわからない．こうした「続報主義」をやめなければならないと思っています．

林　夕刊で掲載されているのだから，朝刊では要らない，と言っているのは私たち新聞の勝手なやり方です．一度立ち止まり，夕刊，朝刊のあり方を整理してみることが必要ではないでしょうか．JR福知山線の脱線事故のように重大なニュースは繰り返し報道が必要ではないでしょうか．

岸本　継続している事件では流れが変わるたびに解説を入れています．ですが，これからは，「こういったニュースがありましたよ」と1週間分のニュースを（ダイジェストで）掲載することも考えなければなりませんね．

織田　新聞は生き残れますか？

林　目線をどこに置くかです．弱くてもその人に寄り添っていくことに新聞の必要性があります．

岸本　新聞紙という形で残るのかは分からない．今はいかにして読者の信頼をいかに勝ち取るかです．

横井　器として残ることは間違いないですが，携帯やウェブも使って残ることができると思います．

織田　社会が混乱すればするほど新聞は読まれます．ただ新聞の配達方法（宅配システム）が残れば，新聞も生き残れます．

『月刊 Journalism』朝日新聞社．

新聞記者という職業が将来なくなる可能性はあると思いますか？

84 米国では紙の新聞がなくなるのでしょうか？

　当然のことではありますが，米国の新聞は英語で書かれていますから，全世界に向けて発行できます．ドルが世界的な通貨になっていることに象徴されるとおり，自国の巨大な経済力，軍事力に助けられ，米国の新聞はインターネットが普及する以前も，国内だけでなく，広く世界中の人々に読まれてきました．

■支持政党を鮮明にする米国の新聞

　米国の新聞は日本の新聞と違って，どの政党を支持するのかも隠さずに明確にしたり，米国政府はもとより，他国の政府に対しても遠慮なく，ずけずけと物申す体質をもっています．社会的影響力も大きく，事実上，米国の新聞はニクソン大統領を辞任に追い込み，ベトナム戦争を早く終結させるのに貢献するなど，力を発揮してきました．

　米国の新聞は，発行部数や新聞社の規模からすると，日本の大手新聞社よりはるかに小さい．米国では最大部数を誇るUSAトゥデー（*USA Today*）でさえ約211万部しかありません．

　第2位のウォールストリート・ジャーナル（*The Wall Street Journal*）（ニューヨーク，1889年7月創刊）は208万部です．それでもニュース・ソース（情報源）の信頼性で，世界的に最も高いと言われ，影響力も抜群に大きい．経済新聞でありながら，ピューリツァー賞を26回受賞していることからもそれは分かるでしょう．

■直面する経営危機

　ただ，米国の新聞業界は，近年ますます規模縮小に追い込まれ，存亡の危機に立たされています．昔からずっと発行部数では上位を占めてきたUSAトゥデーをはじめ，ニューヨーク・タイムズ（*New York Times*）やロサンゼルス・タイムズ（*Los Angeles Times*）など有力紙が軒並み落ち込むなど，衰退は止まることを知らず，進んでいます．

　その原因は，インターネットの普及によって読者が減ったことだと言われています．読者が減ると広告が減り，広告が減ると収入が減る．収入が減るとお金に

余裕がなくなり，質の高い記者を雇えない．優れた記者を雇えないと良質な記事が書けない．良い記事がないと読者は新聞を読まなくなる……．こういう悪循環に陥っているのです．

1999年には，米国が発行する日刊紙の数は約1500紙ありました．それが10年後の2009年には1408紙へと約100紙も減りました．全体の発行部数では，10年前に5900万部だったのが，2009年には4859万部と，約1000万部も減少しているのです．

多くの新聞社が経営難を打開するため，先に手をつけているのが人員の削減です．しかし，人員を削減すると，さらなる悪循環に陥るのは火を見るより明らかです．

米国の新聞の発行部数（2009年3月），ABCのデータより

1	USA Today	211万部
2	Wall Street Journal	208万部
3	New York Times	104万部
4	Los Angeles Times	72万部
5	Washington Post	67万部
6	New York Daily News	60万部
7	New York Post	56万部
8	Chicago Tribune	50万部
9	Houston Chronicle	43万部
10	Arizona Republic	39万部

米国の有力紙ワシントン・ポスト本社 = 2007年8月，ワシントンD.C.（撮影：小黒純）

佐々木俊尚『グーグル――Google 既存のビジネスを破壊する』文藝春秋（文春新書），2009年．

なぜ，「ニューヨークタイムズ」は世界的に絶大な影響力をもつのでしょうか？

85 ピューリツァー賞は本当にすごい賞なのでしょうか？

Pulitzer Prize

　ピューリツァー賞は，ハンガリー系米国人ジャーナリストで新聞経営者だったジョセフ・ピューリツァーの遺志に基づき，1917年に創設されました．優れたジャーナリストに授与する賞です．ピューリツァーはこの賞を創設するとき，「社会的不正義と当局の汚職の摘発こそ，審査を貫く基準である」と語ったと伝わっています．米国だけでなく世界の新聞記者たちが最も誇りに思う賞であることは間違いありません．

■沢田教一ら日本人も受賞

　ピューリツァー賞の対象となる部門は，創設者の遺言に基づいて最初は9部門．ジャーナリズム部門の賞としては公益，報道，社説，新聞史の4つ，文学部門としては小説，伝記，米国史の3つ，「戯曲」部門が1つ，そして「ジャーナリズム学部の発展と改善」をテーマにした論文に与える賞が1つ．ところが，新聞史に関する賞は1918年度の1回のみ受賞者を出した後，選考しなくなり，論文は応募がなかったため中止となりました．1922年からは「時事漫画」が追加され，1942年には「写真」分野も追加されました．

　その後，ジャーナリズム部門は細分化され，1962年にはノンフィクションを追加，フィクションなどへと対象分野を広げてきました．賞金は，時代によって少しずつ変わりましたが，一律1000ドルの時代が長く続きました．1989年からようやく3000ドルに引き上げられましたから，これこそ金より名が欲しい人にふさわしい賞と言えるでしょう．

　日本人ジャーナリストも受賞しています．ベトナム戦争を取材したカメラマンの沢田教一ら，いずれも写真部門で栄誉に輝いています．

　さて，ピューリツァーの名を冠したピューリツァー社 (Pulitzer, Inc.) のセントルイス・ポスト・ディスパッチ（1878年創刊）ですら，2005年には姿を消しました．米国新聞の衰退は想像以上に速く進んでいるのです．では，取材・報道の内容にも変化があるのでしょうか．

■米国の新聞は劣化しつつある？

　米国新聞は昔と違って今ではますます「当たり障りのない記事」を掲載するようになったと言われています．新聞社によっては，読者が関心を寄せる分野だけに特化して記事を掲載するという方法に訴えたりしています．しかし，これらはすべて新聞本来の性質を薄める結果をもたらしていると思います．新聞は，本来ならじっくりと時間とお金をかけて，質の高いニュース，記事を生産するのを売りにすべきです．それが期待できないとなると，読者はますますインターネットに流れていってしまうでしょう．

　もちろん新聞社もいろいろと努力はしているようです．10年前，有力紙のマイアミ・ヘラルドは，アンケート調査を実施して，読者が最も関心をもっている9分野を選定しました．ただ，その中には社会問題に触れる深刻な内容の，国内政治に関するニュース，国際ニュースは含まれていませんでした．

　想像してみてください．政治ニュース，社会問題を取り扱わない新聞はどんな新聞か．また，そのような新聞はどんな人が読むかと．そこで，ニューヨーク・タイムズのような新聞はそれを逆手にとって，社会問題，国内外の政治問題の暗部に触れる深刻な内容の報道に力を入れています．そのせいなのか発行部数は，他の新聞ほどは減っていません．

　新聞の先進国である米国では，新聞の役割が変わりつつあり，力が弱まっているというのが現状です．　　　　　　　　　　　　　　　　　　　　Ⓡ

ピューリツァー賞の日本人受賞者一覧（いずれも写真部門）

受賞年	受賞者	受賞作品
1961	長尾 靖	浅沼社会党委員長の暗殺
1966	沢田教一	安全への逃避（ベトナム戦争）
1968	酒井淑夫	より良きころの夢（ベトナム戦争）

CHECK! 立花隆『アメリカジャーナリズム報告』文藝春秋（文春文庫），1984年．

QUESTION! 経営不振の新聞社に政府は支援金を出すべきでしょうか？

カナダの多言語テレビとはどんなものですか？

　日本でテレビを見ていて，アナウンサーが外国語で話している，なんていう番組に出会うことはありませんね．でも海外には，それが当たり前，という地域がたくさんあります．もしカナダに行く機会があれば，ぜひホテルでテレビをつけてみてください．さまざまな人種・民族が多様な言語で制作している番組を，数多く見ることができるでしょう．これには，カナダの放送制度が深く関わっています．

■多文化主義を反映したカナダの放送制度

　カナダの人口は約3400万人．60％が英語を，23％が仏語を，17％がそれ以外の言語を母語としています．移民が多く，特に最大の都市トロントでは，人口約500万人のうち，ほぼ半数が海外からの移民です．もともとは英語と仏語の2言語体制での国づくりを行ってきましたが，20世紀に入って移民が急増し，政策の転換を迫られました．

　1982年には「人種，出身国，民族によって差別されない市民の平等な権利」の保障をうたった「権利と自由のカナダ憲章」が国の憲法となり，1988年の「多文化主義法」制定により，その理念は法律として具体化されました．

　その間の1985年には，カナダの放送行政を担うCRTC（カナダ・ラジオテレビ・電気通信委員会）によって，「カナダの言語・文化的多様性を反映した放送方針」が示されました．「文化・言語的多元性を反映する放送サービスの発展はカナダの社会構造に必須の要素である」と指摘しています．1991年には，多文化・多言語主義を反映した放送法が新たに制定され，さらに1999年には，1985年の「方針」を発展させた「民族放送方針」が出されました．

■日本語を含む40の言語で放送する民族テレビ

　「民族放送方針」で定められた「民族テレビ放送局」という分野で放送免許を得ているのが，トロントに拠点を置く「オムニ・テレビジョン（OMNI Television）」です．日本語を含む，約40の言語で放送しています．無料の地上波テレビ放送局

としては，カナダで初めて多言語・多文化の放送を開始した局です．

　民族テレビ放送局は，次の条件を満たさなければいけません．① 放送時間の60%を民族番組（イギリス系・フランス系・先住民族以外の民族が制作する番組）にあてる．② 放送の50%以上を，英語，仏語以外の言語（「第3言語」）で行う．③ 放送地域の民族の多様性を反映するため，民族の人口比率に応じて，放送時間を割り当てる．

　これらに加えて，実際の免許交付にあたっては，放送局ごとにさらに細かい要件が追加されます．オムニ・テレビジョンは，2009年にCRTCに提出した報告書の中で，上述の③に関する要件を廃止することを求めました．人口増加が著しい中国系や南アジア系移民の市場規模は，母国の経済発展とも相まって拡大を続けており，それらの言語での放送時間を増やせば，広告収入の大幅なアップが見込めるからです．

　カナダにおいても日本と同様，インターネットなど多様なメディアの出現によって，国民のテレビ視聴時間が減少し，それに伴ってテレビ局の広告収入は減り続けています．オムニ・テレビジョンは，事業の継続・発展には，規制の緩和が必要だと訴えたのです．

　しかし，いくつかの「儲かる」言語の放送時間が増えるということは，「儲からない」言語の放送時間が減少することを意味します．多文化・多言語主義を掲げる法の理念のもと，営利企業がその取り組みを継続していくことの難しさを，この事例が示していると言えるでしょう． Ⓜ

「オムニ・テレビジョン（オンタリオ）」ウェブサイト http://www.omnitv.ca/ontario/

最後に述べた「難しさ」はどうしたら改善できると思いますか？

87　イタリアにユニークなラジオ局があるそうですが？

　ジャーナリズムの「客観性」や「政治的公平性」,「不偏不党性」を考える上で,興味深い事例があります. イタリア北部の中心都市ミラノで, 1976年に創設されたラジオ局「ラジオ・ポポラーレ（民衆ラジオ）」です. イタリアの老舗ラジオ局の1つですが, その活動理念や運営方針は, 日本で暮らす人々にとって新鮮でもあります.

■報道には定評あり

　5人のメンバーにより創設されたラジオ・ポポラーレは, 現在50人のフルタイム職員を抱える, イタリア国内でも有数のラジオ局へと発展しています. 1日平均23万人が聴取するといいます. 記者は30人. ニュース報道には定評があり, イギリスのBBCや米国のCNNからも問い合わせを受けることがあるそうです. イタリア各地の20の放送局とネットワークを形成しているほか, ベルリン, パリ, マドリード, ヨハネスブルク, 北京, ニューヨークなど, 海外にも特派員を派遣しています.

　ヨーロッパでは衛星放送によってラジオを聞く人が多いのですが, この放送局も, 衛星放送を通じてヨーロッパはもとより, アフリカや中東の一部でも聞くことができます. 筆者がオランダでタクシーに乗った時, 運転手が「ラジオ・ポポラーレの放送が好きなんだ」と言ったのには驚きました.

　2007年の総収入は約343万ユーロ（約4.4億円）で, そのうち42％は, この放送局の活動を支持する会員が支払う年会費です. 会費は年間90ユーロ（約1万1500円）で, 約1万5000人の会員がいます. 広告料は38％で, それ以外にコンサートやCDの販売で収入を得ています.

　イタリア語のほか, 英語でも放送しています.

■独特な編成方針

　ディレクターのマルコ・ディ・プマ氏は, 次のように述べています. 「ラジオ・ポポラーレの編集方針は政治的には左寄りです. しかしどこの政党からも援助は

受けていません．私たちの視点はとても明快です．つまりはクリティカル（批判的）であること．もし左翼政権ができたとしても，その政権に対してクリティカルでいるでしょう．政治的に独立した放送局であり，そのことを大切にしています」（2005年の筆者インタビュー）．

また代表のマルチェロ・ロライ氏は「聴取者に真実を伝えることが大事です．しかも多様な視点で伝えることで大手メディアに対抗したい」（ジャーナリスト小山帥人氏による2008年のインタビュー）と述べています．

イタリア国内では，ベルルスコーニ首相とその一族によって大手メディアがどんどん買い占められ，彼らの意向が番組編成や番組内容に大きな影響を与えるようになりました．その状況の中で，権力から独立した放送を行うラジオ・ポポラーレの存在意義は，いっそう増しているように感じます． Ⓜ

ラジオ・ポポラーレの局内（提供：小山帥人氏）

「ラジオ・ポポラーレ」ウェブサイト http://www.radiopopolare.it/

なぜラジオ・ポポラーレは，権力から独立した放送を行えるのでしょうか？

経済発展が著しい中国で，メディアはどうなっていますか？①

　中国のメディアは確かに量的には，「発展」しています．中国の国内には3053の新聞（専門紙1122紙を含む），9468の雑誌（大学などで発行する，「紀要」のような雑誌は含まない），テレビ局267局（日本のキー局に相当するテレビ局のみで計算），教育テレビ局46局（総合テレビに匹敵する規模の独自経営のテレビ局）があります．他に，中継センター兼テレビ局として運営されている地方テレビ局もあり，それを計算に入れますとテレビ局だけで3万局以上あるという報告もあります．

　それに，年間416億部以上の新聞を発行，雑誌約30億冊，書籍約62億冊を刊行していますから，本当に経済大国であると同時にメディア大国でもありますね．

■どこに住んでいても60チャンネルは見られる

　中国ではどの地域に住んでいても，60チャンネル以上のテレビ番組を視聴できます．ただ，チャンネルが複雑に絡み合っているのでその実態を詳細に説明することは難しく，資料も見当たりません．「中国のメディア白書」にも大まかなメディア別産業売上げや増加率についての記述はあっても，テレビ局の一覧やチャンネルについての説明はありません．

　というのは，テレビ局がチャンネルを交換，提供しあうケースが多く，しかもいつチャンネルを交換し，いつ始め，いつ終えたかなどのデータをつかみにくくなっています．全体状況を把握することは難しい状況にあります．

■新聞発行部数は1日1億部以上

　ここからは，主に中国の新聞メディアについて詳しく述べることにしましょう．

　改革開放が本格的に始まる1990年ごろまで，中国の新聞はほとんど1日4ページ（日本の大判と同じサイズで4面）しか作っていませんでした．最大の「人民日報」ですら，せいぜい6ページの新聞でした．最近はほとんどすべての新聞がページ数を増やしています．北京市の読者を対象に発行している「新京報」（2003年創刊のタブロイド版新聞）は，毎日20ページ以上，多いときは40数ページを発行しています．

経済発展が著しい中国で、メディアはどうなっていますか？①

　中国の「メディアブルーブック」(2008年版)によりますと、新聞の1日の総発行部数は約1億部以上に上っています。新聞の数は約3000紙と、さほど増えていません。昔も、今も中国政府は、新聞発行を厳しく統制しているからでしょう。

　中国では新聞を発行するためには「刊号」という許可番号が必要です。刊号は、誰でも取得できるものではなく、中国共産党の機関紙を発行する新聞社、あるいは行政機関が申請して取得できるものです。いくら資金が潤沢にあっても、記者や編集者がそろっていても、自由に新聞を発行することは許されません。この点は欧米諸国や日本とは大きく事情が異なっています。だから発行される新聞の数はそれほど増えなかったと考えられています。

中国で発行されている新聞メディア

人民日報の日本語版ウェブサイト　http://j.peopledaily.com.cn/
新華社の日本語版ウェブサイト　http://www.xinhua.jp/

なぜ、中国政府は、新聞社の民営化を許さないのでしょうか？

89 経済発展が著しい中国で，メディアはどうなっていますか？②

　中国の新聞は約3000紙，発行部数は1日1億部以上にも上っています．ただ，日本の事情と決定的に違う点は，新聞種類が多いだけでなく，メジャーと言えるほどの新聞が特にない点です．読売新聞や朝日新聞のように全国をカバーし，発行部数が他の新聞が追随できないほど多い新聞は，中国にはありません．

■メジャーの新聞はない

　かつて「人民日報」(1948年6月創刊) は，発行部数や影響力において他の新聞とは比較にならないほど，発行部数も多く，配布地域も全中国をカバーしていました．しかし，今では，地方で発行される夕刊紙，例えば「南方週末」など新聞より発行部数も少なく影響力も低下しています．

　メディアブルーブックが毎年発表する，新聞広告掲載量 (金額ベース) を見れば，どの新聞が一番影響力のある新聞かが一目瞭然とわかります．2006年度末の統計をみると，広告掲載量が一番多い新聞は，上海で発行される「新聞晨報」，2位が広州で発行される「広州日報」，3位が「北京晩報」の順になっています．これら新聞を中国では「都市報」，あるいは「晩報」と呼んでいます．すなわち，都市住民が読みたがる，生活に密着した情報や，官僚の不祥事を暴く調査報道のほか，事件，事故などを売りにしています．

　これら新聞の第1面を除けば新聞紙面の第2面以降は，日本の新聞とほとんど同じという印象を受けます．それでも多くの新聞が第1面に政府の方針，政策，共産党幹部の動きを掲載しています．これは，中国の新聞は，量的には大きく膨張していても質の面，すなわち内容の面においては，まだまだ，発展途上にあるという証であるかもしれません．

■社会問題を取り上げる新京報

　北京市が拠点の「新京報」は，「光明日報」グループと広東の「南方日報」グループの共同出資 (光明日報が株式51%所有) により，2003年11月に創刊されました．読者対象は北京市および周辺に住む都市部住民ですが，社会問題や中国人

の意識に関わる問題に関する事件を多く取り上げることで注目を浴び，発行部数を伸ばしてきました．

新京報が報道した記事で有名なものとしては，河北省定州市で起こった農民暴動に関する事件があります．2005年6月11日，立ち退きを拒否する農民たちを，開発業者が雇った武装集団が襲った事件です．この映像は日本でも大々的に流されました．新京報にこの事件が載ると，中国政府はやむを得ず定州市党委書記および市長を罷免します．

中国の国内問題，特に，社会問題に発展しかねない事件や事故，中国共産党の政策，監理に矛先が及びそうな事件，事故を新聞が報道するのは，中国では異例なことです．新京報の動きに注目すれば，中国のマスメディアの動向が読めるのかもしれません．

中国の新聞社建物はますます派手に．金箔の看板が目立つ遼寧日報（党機関紙）社入口．
＝2009年9月，中国・遼寧省瀋陽市（撮影：李相哲）

新京報のウェブサイト http://www.bjnews.com.cn/

経済が発展すれば言論の自由が拡大する，という考えは正しいでしょうか？

中国にも言論の自由はありますか？①

　中国における言論の自由について検討する前に，まず，言論とは何かについて簡単に触れることにしましょう．言論とは，「言語や文章によって思想を発表して論ずること．また，その意見」であるととらえてよいでしょう．この定義では，「文章によって」，「思想を発表し」，社会で起こっている事件，事故，現象について「論」じ，自分の「意見」を発表することを，「言論」であるとしています．そうであるとすると，そのような活動を自由にするのが「言論の自由」です．例えば，日本では憲法 21 条にこう定められています．1．集会，結社及び言論，出版その他一切の表現の自由は，これを保障する．2．検閲は，これをしてはならない．通信の秘密は，これを侵してはならない．

■**憲法では言論の自由が「保障」されている**

　「言論の自由」は当たり前のことで，いま，中国でもそのくらいは保障されているのではないか，と思う人もいることでしょう．確かに，中華人民共和国憲法第 35 条には，人民は「言論，出版，集会，結社，街道行進，示威行動の自由を有する」とありますし，第 47 条をみると中国人であれば「科学研究，文学芸術の創作，その他の文化活動を行う自由を有する」ともあります．

　現在の中国では，中国共産党幹部，例えば，中央政府のお偉方や，指導者の悪口を言ったとしても，特に罰せられることはありませんし，大声で，しかも公共の場で，自由に言えるようになっています．

　しかしながら，話をすることと書くことは違います．そのような「意見」を文章にして，思想として発表できるかというとそうはいきません．新聞や雑誌に文章で何かを発表する，すなわち，思想的なものや意見に関わらず，意思表示として受け止められそうな，事件，人物に関する報道，意見を発表するには，中国共産党の許可を必要とします．

■**オバマ大統領が指名した中国紙「南方周末」**

　ほんの最近，中国国内で発生した新聞報道で，言論自由に関係ある事件を 1 つ

例に挙げましょう．

　2009年11月，オバマ米国大統領が中国を訪問しましたが，そこでこんなハプニングが起こりました．就任後初めて中国を訪問することとなったオバマ大統領は，中国の国民に何かを語りかける必要性を感じたのか，中国の新聞との単独インタビューに応じることにしました．ただし，米側が指名したのは中国共産党の機関紙「人民日報」でもなく，国営通信社の新華社でもなく，地方紙の「南方週末」でした．

　南方週末は，1984年広州において創刊された新聞です．政府が嫌がる，官僚の人事異動に関する記事や，敏感な社会問題に関する調査報道を売りにすることで急速に成長しました．今では中国最大級の発行部数を誇る新聞の1つになりました．

　米国側は，このような中国国内の新聞事情を事前に熟知していたから，中国共産党の機関紙ではなく，一般民衆に人気の高い「南方週末」を選んだのだと思います．ただ，この取材では，事前に質問事項が用意されていました．しかも，その質問はすでに中国共産党中央委員会宣伝部のチェックを経たものだったようです．それでも心配だったのか，取材には外務省の官僚が同席し，12分しか許されませんでした．

　この会見で，オバマ大統領は，「南方週末」の編集長に直筆のメッセージを託しました．しかし，当局からの横やりが入り，結局掲載できませんでした．　Ⓡ

南方週末のウェブサイト　http://www.infzm.com/

言論の自由にはいかなる制限も設けてはならない，という主張は正しいと思いますか？

中国にも言論の自由はありますか？②

　米国のオバマ大統領が中国を訪問した際，地方紙「南方周末」に託したメッセージは非常に短いものでした．「教養のある市民は健全な政府にとって不可欠だ．そして報道の自由が見識の高い市民を育てる」と英語で書かれていました．オバマ大統領が言いたかったのは，中国政府が報道の自由を許せば，健全な市民が育ち，それは政府にとってもいいことではないか，ということだったと思います．しかし，当局から掲載禁止命令が下され，結局掲載できませんでした．「絶対に駄目だ」という強い意思を，中国政府は国内外に示した結果になりました．

■共産党が報道内容をチェック

　中国憲法の文言を厳密に解釈するなら，中国当局の行為は明白な憲法違反です．ところが，誰も，当局を訴えることもできませんし，新聞社といえども，当局の命令に従うしかなかったようです．というのは「南方周末」も，民間資本の民間人経営の新聞ではありません．中国共産党の一元化指導（共産党がすべてを指導するという意味）の下，広東省共産党委員会傘下の南方新聞メディアグループの週刊紙だからです．

　中国には日本のような民間経営の新聞は存在しません．すべて，共産党の指導下の機関，国営メディア企業傘下に属しています．ひと昔前は何を報道するか，どのように報道するかまで共産党委員会が決めることになっていました．最近でも，報道できないものなどを中心に厳しくチェックしているのです．

■法律以外も言論の自由を制約

　2009年，北京のある経済新聞の女性記者が書いた調査報道が，全中国を揺るがす大事件に発展しました．女性記者が書いたのは，東北地方の某公安幹部の不正を暴いた記事でしたが，なんと，報道された地方の警察が北京に女性記者を逮捕しにやってきたのです．公安幹部が派遣した2人の警察は，平然と新聞社に押し掛けてきて，当該記者を出せと，新聞社の幹部を脅したそうです．

　中国の時代劇に出てきそうな事件が現に起こっていることにみんなが驚いたの

でしょう．中国では最近，記者が取材先で監禁されたり，殴られたりする事件がよく起こっています．このことは，言論の自由を制約しているのは，法律や規定だけでないことを物語っています．

　北京の女性記者が所属している新聞社は中央紙ではありませんでした．しかし，首都北京にある新聞社であったこと，行政レベルで某公安局以上の新聞社（新聞社は，その所属関係などで中央級，省級，県級などに分類されている）だったこと，すなわち行政的なランクでは某地方よりは上のランクであったこと，また，なんといっても新聞社の記者だったことから，その場での逮捕は免れたそうです．

　女性記者が地方のメディアに勤めていたなら，あえてそのような記事も書けなかっただろうし，もしも書いたとしても逮捕されたか，大変な目にあっただろうと容易に想像できるでしょう．

　言論の自由は，法律的保障も大事ですが，人々の意識，言論に対する理解も大事になります．Ⓡ

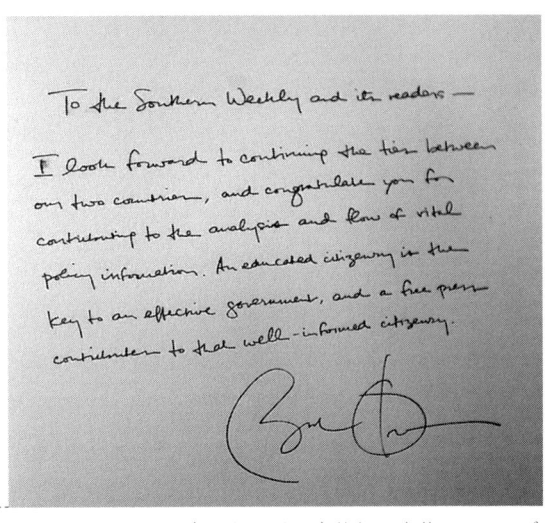

南方周末のために書いたオバマ大統領の直筆メッセージ
（南方周末のウェブサイトより）

CHECK! 何清漣『中国の嘘　恐るべきメディア・コントロールの実態』扶桑社，2004年．

QUESTION! 言論の自由は，私たちの生活にとってどんな意味をもつのでしょうか？

92 韓国のメディアは日本のメディアに似ているのでしょうか？

　外見的には韓国のテレビも新聞も，日本のそれに似ています．「外見的」というのは，韓国の新聞やテレビには日本のメディアの技術的な面（より正しく言えば「技法」），例えば番組の形式，テレビ画面に映る道具や出演者の設定（それぞれの役割）などが似ているということです．日本の番組を思い出しそうなプログラムがいくつもあります．

■テレビと新聞は敵対関係？

　ただ，韓国のメディアと日本のメディアとは根本的に異なる側面もあります．例えば，韓国では新聞社がテレビ局を兼営したり，株式を保有したり，それを支配することは禁止されてきました．テレビと新聞がまったく別人格であるため，多くの問題でぶつかり合い，互いを攻撃したり，法に訴えたりする事件も多発しています．テレビが新聞社の傘下に収まっている日本では想像しがたい話ですね．

　韓国には，日本のキー局に相当するテレビ局（地上波）が，公営放送のKBS（韓国放送公社），半公営のMBC（文化放送），民間資本のSBS（ソウルテレビ）など3社あります．他にもCNNテレビを意識して作ったしか思えないニュース専門チャンネルのYTNテレビ，海外向けの放送を専門とするアリランテレビなどがあります．厳密に言えばSBSを除けば，すべて政府系，もしくは政府関与の下にある放送局となっています．

　韓国のメディア状況が大きく変わったのはやはり1988年オリンピックが契機です．オリンピックを契機に民主化が進み，メディアも自由を謳歌するようになります．

　1988年以前に韓国には新聞が30紙しかなかったのですが，5年後の1992年には112紙，1995年には148紙と，数の上では日本より多くなりました．現在では日本と同じく130紙前後で推移しています．

■韓国の3大紙

　韓国には新聞134紙（2007年現在）が発行されています．その中で歴史が長く，

韓国のメディアは日本のメディアに似ているのでしょうか？　　*187*

　国内外に広く知られている大きな新聞が3紙あります．朝鮮日報（1920〜），中央日報（1965〜），それに東亜日報（1920〜）です．この3紙を韓国の人々は，略して「朝・中・東」と呼んでいます．その呼び名には韓国の人々の複雑な感情が多分に含まれているようです．

　まず，これら3紙は韓国の新聞発行部数の6割以上を占めているほか，いずれも保守的な色彩が強く，その上，大金持ち，社会的エリートのための新聞というイメージがあります．どちらかと言えば底辺の人々よりは，ちょっと恵まれた階層を主要読者対象にしている新聞と考えられるからです．

　また，東亜日報と朝鮮日報は日本の植民地統治時代に発行された新聞である点についても，市民は複雑な感情を持っているようです．両紙は創刊当初の1920年代初めごろは，勢いよく日本の植民地統治を批判し，それに抵抗する論調を展開します．ところが，その後，繰り返される停刊処分や発行禁止処分に耐えることができず，日本の植民地統治政策に同調する時期もありました．一方，中央日報は，韓国最大財閥のサムソン（三星）グループの新聞であるため，なんとなく「権威的」で，お金持ち経営者の新聞であると感じるようです． Ⓡ

韓国の3大紙の1つ「東亜日報」のウェブサイト　http://www.donga.com/
韓国語のほか，日本語版，中国語版，英語版がある．

CHECK!　キム・テクアン〔ほか〕『韓国が警告するメディア・ビッグバン』白夜書房，2005年．

QUESTION!　韓国では，インターネット新聞の影響力が大きくなっています．それはなぜでしょうか？

93 韓国ではテレビと新聞が対立することがあると聞きました．本当ですか？

　韓国のメディア事情をもう少し詳しくみていきましょう．
　3大紙の朝鮮日報と東亜日報については，親日紙であったとして攻撃する勢力もあれば，いや，そのような困難の時代に民族の覚醒や啓蒙に貢献した，時には激しく，時には消極的に日本統治に抵抗し続けてきたと，その歴史を讃える人々もいます．このように支持勢力がはっきりと左右に分かれているのも韓国ならではの特徴です．

■民主化に揺れたメディア

　韓国のメディアは韓国経済の飛躍的な発展に伴い経済的に体力をつけ，規模の上で大きく成長し，民主化の進展にともない言論としての力も増してきました．ご存じのとおり韓国では，市民活動が非常に活発な上，労組や各種組織が政府とぶつかり合い，各種団体が激しくぶつかり合いながら，民主主義を花咲かせてきました．その中でも新聞とテレビ，ニューメディアは突出して力をつけた勢力として成長したわけです．

　そこで最近では「メディア権力」「メディアの横暴」が社会現象，社会問題となりました．それが鮮烈な形で浮き彫りになったのが保守系新聞の「朝・中・東」（朝鮮日報，中央日報，東亜日報）の3紙の対応です．リベラルを自認するノムヒョン（盧武鉉）前大統領に対し批判的な論調を展開，その政策にことごとく注文を突き付けました．大統領側は政府部門の記者室を閉鎖し，政策の失敗はメディア側にあるかのような発言を繰り返して対抗．それにメディアがまたかみつくというありさまでした．

　それに比べると，日本の新聞やテレビはどうしても政府に対する批判が生ぬるい感じがします．

■激しいメディア間の対立

　「国境なき記者会（RSF）」が発表した言論自由指数年例報告書（2006年）によれば，言論の自由度で韓国は近年アジアのトップの座を維持しています．世界的に

みると第34位に位置していますが, 日本の37位, 米国の44位に比べると高い水準にあることがわかります.

ところが, 言論の自由が「行き過ぎて」, 大統領選挙を左右したり国家の重要政策に影響力を行使したりすると, 権力側はメディアを規制しようとします. 韓国のメディアは日本のメディアと違って, 支持政党をはっきりと打ち出していますし, 大統領選挙においても支持する候補者をはっきり決めています. その上, 韓国では, テレビと新聞が支持政党や支持候補者でよくぶつかり合い, 激しく非難合戦を繰り広げます. 金大中氏（元大統領）が選挙に出馬したときも, ノムヒョン氏（前大統領）が出馬したときも, テレビと新聞は激しく対立しました.

■ネット新聞の騎手「オーマイ・ニュース」

2002年の韓国大統領選挙でノムヒョン氏を熱烈に支持したのが「オーマイ・ニュース」というインターネット新聞です. ノムヒョン氏が大統領に当選されたのは, 「オーマイ・ニュース」のようなネット社会の支持があったからだと言われました. ノムヒョン氏は, 就任後初の単独インタビューに「オーマイ・ニュース」を指名しましたが, それに一番驚いたのは「朝・中・東」の大手新聞3社でした. 植民地時代には韓国の独立のために戦い, 独立後は民主化のために戦ってきた東亜日報や朝鮮日報はメンツ丸つぶれだったからです. それもそのはず, オーマイ・ニュースは2000年2月に創刊（オ・ヨンホ代表）されたインターネット新聞で, 基本的には市民が記事を書く新聞だったからです. 一時期4万人以上の会員を有する新聞として成長, ソフトバンクもそれに資本を注入したりしましたが, いまでは赤字が続いているようです. ちなみに, 日本でも2006年に日本版を立ち上げましたが, 2009年4月に閉鎖されました. Ⓡ

呉連鎬〔ほか〕『オーマイニュースの挑戦』太田出版, 2005年.

日本ではメディア間の対立や批判が韓国より少ないのはなぜでしょうか？

韓国にも言論の自由はあるのでしょうか？

　大韓民国憲法第21条1項にはこんなくだりがあります．「すべての（韓国）国民は言論・出版の自由と集会・結社の自由を有する」．現在の韓国ではその理念は守られているとみるべきでしょう．

■メディアと政府の対立

　民主化過程に韓国のメディアは政府と激しく対立したり，癒着関係にあったりという時期がありました．例えば，朴正煕大統領時代（1963 - 1979）に東亜日報や朝鮮日報は日韓国交正常化会談に反対する論調を大々的に展開します．政府はそれを封じ込むために，言論を取り締まる言論倫理委員会法の制定をちらつかせます．それでも屈しない言論に対し，政府は朝鮮日報に対してはホテル建設に資金を融資することを条件に妥協を求めます．一方，東亜日報に対しては，その記事が「反共法」に違反したとして経営者に圧力をかけるのです．

　これはごく一例にすぎませんが，1988年ソウルでオリンピックが開催されるまで，権力とメディアの緊張関係はずっと続きました．政府はアメとムチをもって言論を操ろうとし，メディア側はそこから逃れようと必死に戦いました．

　頭に鉢巻きを巻いた記者や職員たちが自社ビルの前に座り込み，抗議行動に出るという光景は，日本の新聞社やテレビ局ではありえないことです．韓国では80年代までは日常茶飯事のように起こっていました．

■メディア関連法で揺れる韓国メディア

　テレビはリベラル派といわれる金大中氏，ノムヒョン氏を支持し，新聞はその対抗候補を支持しました．新聞といっても有力保守系新聞の「朝・中・東」（朝鮮日報，中央日報，東亜日報）が先頭に立って，保守勢力を代表する候補者を支持するキャンペーンを張りました．

　皮肉にも，大手新聞が批判してきたノムヒョン氏がニューメディアの力で大統領に当選すると，彼はすぐに大手新聞を抑え込むことのできる法律制定に動きます．そこでできたのが「新聞等の自由と機能保障に関する法律」および関連法

(2005年) です．一番問題になった内容は，大手新聞3紙のシェアが市場全体の6割以上を占める場合，「市場の寡占」とみなし，それを規制するというものでした．

この法案は，紆余曲折を経て2005年7月に施行されますが，2009年に李明博政権が発足すると，メディア法全体を見直す動きに出ました．背景にあったのはテレビが依然として前大統領を支持，新政権には批判的な態度をとったからだと言われています．

そこで，韓国の与党は2009年，メディア関連法改正案を国会で採択します．その骨子は，新聞社がテレビを，テレビが新聞社を兼営できるようにし，大企業がメディア経営に参入できるようにするものでした．それまで財閥企業のテレビ経営を禁止していました．

目的は，メディア産業の活性化し，世界的に競争力のあるメディアを育てることだったようです．しかし，新政権に好意的な論調を展開する「朝・中・東」がテレビに参入しやすくするための布石であると，野党は猛反発しました．かなり抵抗しましたが，2009年7月，改正案は結局，国会を通過しました．

玄武岩『韓国のデジタル・デモクラシー』集英社（集英社新書），2005年．

マスメディアと市民メディアの違いは何でしょうか？

95 北朝鮮のメディアはどうなっていますか？

　北朝鮮のテレビというと，日本のニュース番組で流れる，強い調子で北朝鮮政府の声明を読み上げる北朝鮮の女性アナウンサーを連想する人が多いかもしれません．北朝鮮にも，新聞社，テレビ局，ラジオ局，通信社，インターネット新聞などが存在します．北朝鮮のテレビにも音楽やドラマ，サッカー中継もありますし，新聞にも一応国際ニュースを掲載します．

■朝鮮中央通信社

　朝鮮中央通信社は北朝鮮唯一の通信社です．1946年12月5日，内閣直属機関として発足しました．当初「北朝鮮通信社」(社長：李文一) と名前をつけてスタート，1948年10月12日に「朝鮮中央通信社」と改称しました．

　通信社と言っても普通の通信社とはかなり異なるようです．『朝鮮中央年鑑』によると，この通信社は，北朝鮮に流入するニュース，国外に発信するニュースを「指導・統制することを一番の使命」としていますし，世界に向けて北朝鮮政府の立場を代弁するのだと，その立場を鮮明に打ち出しています．

　すなわち，通信社というよりは，政府の手先機関として情報をコントロールする機関と言ったほうが正しいかもしれません．おもしろいのは，この通信社はロシア語，英語，フランス語，スペイン語など外国語で通信を発信しているほか，国内外に向けて自国政府を宣伝する (正確には，金正日総書記を宣伝する) ための，出版物，朝鮮中央年鑑などを発行している点です．

■北朝鮮の新聞「ノドン新聞」と「民主朝鮮」

　北朝鮮が発行する新聞としては，「ノドン新聞」が一番よく知られている新聞です．1945年11月創刊の北朝鮮共産党の機関紙であった「正路 (ジョンロ)」と，朝鮮新民党の機関紙の「前進 (ジョンジン)」と合併し，1946年9月「ノドン新聞」(責任者：ギー・ソクボク) を発刊しました．このとき，朝鮮労働党中央委員会の機関紙 (正確にはプロパガンダ紙) として再出発します．

　1945年8月，日本の植民地統治が終わりを告げると，ソ連軍が進駐，北朝鮮は

労働党政権（金日成）の統治下に置かれます．その時期に朝鮮最高人民会議（日本の国会に相当）および政務院（日本の内閣に相当）の機関紙として「民主朝鮮」が創られます．当初は，平安南道人民委員会直属の「平壌民報」（1945年8月）から出発，1946年5月に北朝鮮臨時人民委員会の機関紙となり題名を「民主朝鮮」とします．その後，1948年9月から朝鮮最高人民会議（国会）および内閣機関紙になります．

興味深いのは，1940-50年代は「民主朝鮮」が「ノドン新聞」より格は上でしたが（北朝鮮の中央年鑑などでも一番目に挙げています），1972年あたりから「ノドン新聞」が「民主朝鮮」の前に来たという点です．これは，党が国会や内閣の上に君臨したことを意味することでもあったと思います．もう一点注目すべきことは，この時期から北朝鮮では国家主席の金日成の息子である金正日（現総書記）が「宣伝事業」に関与し始めたことです．

北朝鮮の資料を読む限りでは，新聞の最盛期は1950年代後半あたりで，34種類の新聞が発行されていました．1972年からは，金日成主席の著作全集の出版事業については年鑑などでページ数を惜しまず宣伝していますが，新聞に関する記述はほんのわずかです．紹介されている新聞紙も，上記2紙のほか，「ノドン青年」（1946年創刊），「朝鮮人民軍」などに限られています．

北朝鮮のメディアが何をしているかについては，外国メディアにたまに引用されるテレビ報道でも推察できるとおり，国の代弁機関であることは明白です．その点は，北朝鮮自らも誇りに思っているらしく，ノドン新聞は「親愛なる指導者を政治思想的に，また理論的に絶対擁護・護衛している」と年鑑の中で言明しています．

北朝鮮研究学会編・石坂浩一監訳『北朝鮮は，いま』岩波書店（岩波新書），2007年．

日本のテレビは北朝鮮のテレビ報道をそのまま使うこともあります．それに賛成か，反対か，その理由を挙げてください．

96 先住民が自らのメディアを持つ取り組みを教えてください.

　いきなりですが,少し英語の勉強をしてみましょう.次の文章を訳してみてください.「The history would've been told differently if APTN reporters had been there.」── APTN とは,Aboriginal Peoples Television Network(アボリジナル・ピープルズ・テレビジョン・ネットワーク)というカナダの放送局の名前です.「APTN のレポーターがそこにいたなら(取材をし,報道していたなら),歴史は違って語られていたことでしょう」という意味です.先住民族(Aboriginal Peoples)によるテレビ局 APTN は,1999 年,カナダ中央部のマニトバ州ウィニペグに非営利組織として設立され,カナダ全土にネットワークを張っています.冒頭の一文は,英文法的には「仮定法過去完了」という用法で,過去の事実と異なることを言う時に使います.学校でさまざまな(退屈な?)表現で教えられましたが,この一文(APTN の広報用 VTR の中のナレーション)ほどずっしりと重いものはありませんでした.

■メディアが植え付けた「野蛮なインディアン」のイメージ

　ここからは「過去の事実」を振り返ります.北米では,17 世紀以降にヨーロッパから白人が入植を開始し,先住民の多くが土地を追われ,命を奪われました.しかし先住民は,自らのメディアを持たず,その歴史はもっぱら侵略者である白人の視点から語られてきました.米国のハリウッドでつくられた西部劇は,仕事,家庭,恋愛などをめぐる人間ドラマを丁寧に,そして勇壮に描き,世界中で大ヒットしました.ただし,先住民は「私たち人間」としてではなく,「私たち人間」が結束して戦うべき「野蛮なインディアン」として描かれ続けたのです.

　カナダの先住民族の 1 つ,ベア族の長老カキギド・ベネイシエさんは言います.「いつかは白人も,私たち先住民を正しく描いてくれる.そう願って,待っていました.しかしそれは起こらなかった.だから私たちは目覚め,自ら手で本当の姿を語りはじめたのです」.

■テレビを新たな「火」に

　1970 年代からの努力が実を結び,APTN は民族遺産省からの資金援助を得て,

放送を開始しました．英語，仏語，そして先住民族の25言語で放送を行っています．100人あまりの職員のうち，約7割が先住民です．放送のキーワードは，「Sharing Stories」，つまり物語の共有です．コミュニティ，世代，民族を超えての共有を目指しており，先住民族の言語による放送には，英語や仏語の字幕が付けられます．

かつて人々は焚き火を囲みながら，語り合いました．そうして物語や知恵は，コミュニティからコミュニティへ，長老から子どもたちへ，と受け継がれていったのです．現在焚き火はなくなりましたが，テレビを新たな時代の「火」にしたいという思いでAPTNは活動を続けています．

近年世界中で，先住民自らがメディアを持つ動きが加速しています．2008年には，ニュージーランドの先住民族テレビ局，「マオリ・テレビジョン」が主催して「世界先住民族テレビ放送者ネットワーク（WITBN, World Indigenous Television Broadcasters Network）」の第1回会議が開催され，APTNなど世界9つの放送局が参加しました．

ウィニペグの中心街に立つAPTNの建物＝2003年（撮影：松浦哲郎）

「WITBN」ウェブサイト http://www.witbn.org/

先住民が長い間自らのメディアを持たなかったのはなぜでしょうか？

97　MOBILE BROADCASTING STATION

「動く放送局」があると聞きました．
いったい何のことですか？

　放送局というのは普通は，私たちが「行く」ところですよね．でも世界には「来る」放送局があるのです．つまり私たちが住む街，コミュニティまで放送局自らが動いて，やって来るのです．いったいどんな放送局なのでしょうか？　なぜ，そんな放送局が必要なのでしょうか？

■ 3輪バイクは移動式メディアセンター ─────────

　スリランカ中部の山岳地帯に，コスマリ (Kothmale) という地域があります．1999年にコミュニティラジオ局，「コスマリ・コミュニティ・ラジオ (KCR)」ができました．その後，パソコンやインターネット回線が整備され，「コスマリ・コミュニティ・マルチメディア・センター (KCMC)」へと発展しました．その KCMC が2006年から開始したのが「イー・トゥクトゥク (eTUKTUK)」プロジェクトです．トゥクトゥクというのは，南アジアや東南アジアを旅行したことがある人にはお馴染みの，3輪バイクです．これに「e」が付くとどうなるでしょう．

　eTUKTUK には，ノートパソコン，プリンター，デジタルカメラ，スキャナと携帯電話，そして発電機が積まれています．パソコンは CDMA 方式の無線インターネット回線に接続しています．これで山岳地帯のコミュニティを回り，住民にインターネットをはじめ，さまざまなデジタル技術を直に体験してもらっているのです．講習も同時に行っています．

　また，eTUKTUK には，マイク，ミキサー，CD プレーヤー，つまりラジオの機材が一式積まれています．山岳地帯の村々を回り，住民とともにラジオ番組を制作します．音声は，eTUKTUK に備えられた携帯電話を通じて生で KCR に送られ，そのまま地上波でコスマリ全域に向けて発信されるのです．

　eTUKTUK の週間スケジュール（周回ルートと各コミュニティへの到着時刻）は KCR の放送で事前に案内されます．コミュニティの住民は，eTUKTUK の到着を告げる音声が，その屋根に据え付けられた二つのスピーカーから流れてくるのを，心待ちにしているのです．

「動く放送局」があると聞きました．いったい何のことですか？

■誕生の背景

　ヨーロッパのカフェのように，市民が気軽に集える放送局として，NPO 放送局「京都三条ラジオカフェ」が 2003 年に開局し話題になりました．日本においては確かに画期的な出来事でした．

　しかし海外には，たかがラジオで話すというだけのため，女性が家を留守にするなど許されない，という地域や文化が未だに多数存在します．また公共交通機関も，自家用車も，バイクさえもない中で，数十キロ離れた放送局に，気軽に集うことができるでしょうか．このような状況を背景として，eTUKTUK は生まれたのです．

放送を行うコスマリの女性たち．奥に見えるのが eTUKTUK（提供：KCMC）

「KCMC」ウェブサイト　http://www.kothmale.org/

日本には，スリランカのような状況は存在しませんか？

98 開発途上国でジャーナリズム教育が重要視されているのはなぜでしょうか？

　開発途上国（発展途上国）の支援と聞くと，井戸の採掘や，道路，病院，学校の建設などがすぐに思い浮かぶかもしれません．どれも重要ですが，これら従来のプロジェクトに加え，近年際立つようになったのが，ジャーナリズム教育です．ユネスコなどの国連機関や非政府組織（NGO）が，開発途上国や紛争からの復興期にある地域で，さまざまなトレーニングを行い，ジャーナリストの育成に努めています．

■民主的な国づくりには，健全なジャーナリズムづくりを

　1990年から94年まで，アフリカのルワンダでは激しい内戦が続きました．末期には，国内多数派のフツ族が，少数派のツチ族を大虐殺し，100万人以上の死者を出したといわれています．虐殺をあおり立てたのがラジオでした．

　2010年8月には，内戦後初の大統領選が行われることになっており，民主的な選挙活動を促進するため，ユネスコがジャーナリストを養成するためのプロジェクトを行っています．2005年に国立ルワンダ大学内に設けられたラジオ局「ラジオ・サルース（Radio Salus）」（「Salus」はラテン語で「救い」を意味する）では，学生を含め100人以上のジャーナリストがこれまでにトレーニングを受けました．

　国際的な「選挙監視活動」は以前から行われており，主として，投票所を設置し，投開票を公正に実施するためのノウハウの提供と監視を行い，成果を挙げています．しかし，候補者に関する情報が不十分だったり，不正確だったりする中で迎えた選挙では，いくら投開票自体が公正に行われたとしても，それは票の「カウント」が正確なだけで，本当に民主的な選挙が行われたとは言えません．

　例えば，選挙前の報道が与党に有利な内容ばかりで，与党に批判的な候補の主張が全く取り上げられなかった結果，9割の有権者が与党に投票したとします．票の不正な操作はなく，有権者の投票数が正確に集計され，正しく議席数に反映されたとして，この選挙全体を，公正な選挙と呼べるでしょうか？　そのような事態，つまり世論の不正な操作を防ぐためにも，健全なジャーナリズムの存在が必

要なのです．

■不正や腐敗の監視役として

　もちろんジャーナリズムが必要とされるのは，選挙期間中に限ったことではありません．みなさんの中に，「どうしていろいろな国が，ずっとアフリカを支援してきたのに，未だにあんなに貧しいの？」と思っている人はいませんか？　アフリカの人々の能力を疑ってはいませんか？　実は，開発途上国に渡したと思っているお金のかなりの部分は，「使途不明金」として行方不明になり，それを本当に必要としている人々にまで届いていないのです．国や地域の一部の権力者のところで留まり，彼らの私腹を肥やすお金になったり，支出したはずの「先進国」に，多様な形で戻ったりしている，とも指摘されています．このような不正や腐敗を厳しく監視するためにも，ジャーナリズムの育成が急務となっているのです．

　ユネスコでは，実践的なジャーナリズム・トレーニングやワークショップを，アフリカ，アラブ，南アジアなどで行う一方で，ジャーナリストのための教材づくりを進めています．「ジャーナリズム教育のための見本カリキュラム（Model Curricula for Journalism Education）」もその1つです．世界各地のジャーナリストや教育機関と協議を重ね，法律，文化，社会状況などを考慮し，それぞれの国や地域にあったカリキュラムと実践方法を提案しています．また，メディア系NGOが，世界各地でジャーナリズム教育を行っており，ユネスコとの協働も拡大しています．　　　　　　　　　　　　　　　　　　　　　　　　　　Ⓜ

CHECK!　「社団法人日本ユネスコ協会連盟」ウェブサイト　http://www.unesco.jp/

QUESTION!　ユネスコは国連機関であり，基本的に各国政府の承諾なしに活動することはできません．政府がジャーナリズム教育に反対した場合はどうすればよいでしょうか？

「スーツケース・ラジオ」とはいったい何なのでしょうか？

みなさんが旅行の際に使用するスーツケース．その中にマイク，ミキサー，CDプレーヤー，送信機など，ラジオ放送に必要な機材を収納したものが「スーツケース・ラジオ」です．南太平洋に浮かぶ島々からなる国，フィジーなどで大活躍しています．

■**南太平洋フィジーの島々に広がる**

日本のちょうど四国ほどの面積に約85万人が暮らす国フィジーは，1874年から1970年まで，イギリスの植民地でした．砂糖栽培の労働力として多数のインド人が入植させられたため，現在でも人口の44%はインド系です．51%を占めるフィジー系との対立が絶えず，政情は不安定です．

紛争解決や，平和構築，開発が大きな課題となっていますが，その議論に加わるのは，ほとんどの場合男性のみです．例えば，海外の援助により井戸を掘る際，議論の席につくのは土地を所有する男性たちです．それに対して，実際に井戸を使う頻度が圧倒的に高い女性たちの声は，十分に反映されません．

2000年10月31日に採択された国連安保理決議1325は，平和の維持・構築や決定の場への女性の参加の保障と促進を加盟国に求めています．

「いかにしてフィジーでの状況を改善するか」——フィジー女性のエンパワメントに長年取り組んできたシャロン・バグワン・ロールズ（femLINKpacific代表）は，ラジオをその道具として使おうと考えました．地方の島々では，ラジオが人々の第1の情報源だからです．2004年5月5日に，首都スバにラジオ局femTALK89.2fmを開設．スーツケース・ラジオを採用し，週末には周辺のコミュニティを回ります．家庭での家事や育児が忙しくラジオ局まで来られない女性や，電話で放送に参加をしたくても，余分な電話代を払うことが許されない女性が多くいるからです．

現在では，Ba, Nadi, Nausori, Labasaの各地方にもスーツケース・ラジオが導入されています．それぞれが周辺のコミュニティを回り，地方行政や社会づくり

に関する女性たちの希望や意見を聞くほか，コミュニティや行政府の男性実力者も番組に招きます．「女だけのラジオ」では，男性がそれを聞こうとせず，せっかくの女性たちの意見が男性に共有されないからです．また，放送枠を民族や言語で分けることはせず，テーマ別に分けるようにしています．さまざまな背景をもった人々が共に語り，聞くことができるようにするためです．

■「被害者」ではなく「貢献者」としての女性の声を伝えたい

　シャロンは言います．「人口の半分を占める女性が，自らの社会や生活にとって重要な議論や決定の場に参加できず，さまざまなアイデアを活かすことができないのは，社会にとっても国全体にとっても損失です．ドメスティック・バイオレンスに代表されるように，被害者としての女性ばかりがクローズアップされますが，社会への貢献者としての姿をもっと伝えていきたいのです」．

　femLINKpacificが始めた「Generation Next」というプロジェクトを通じ，学生など，これからの世代を担う若い女性たちのラジオ参加が増加しています． Ⓜ

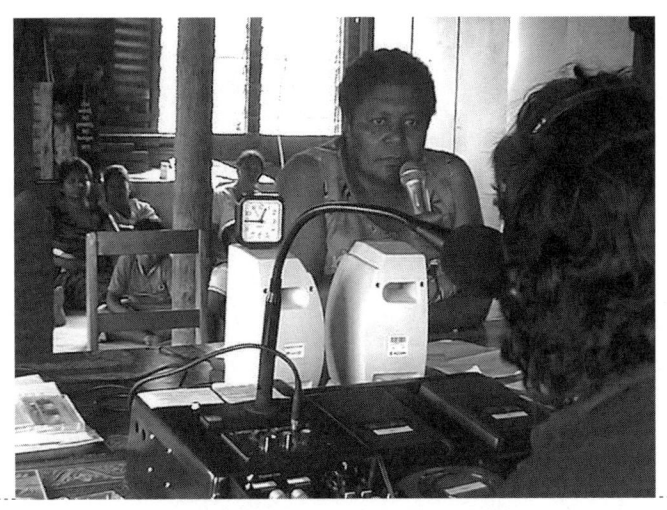

スーツケース・ラジオで番組を制作する女性たち（提供：femLINKpacific）

CHECK!　「アジア女性資料センター」ウェブサイト　http://ajwrc.org/jp/

QUESTION!　女性をテーマにしたテレビやラジオの番組を探してみましょう．

ジェンダーとメディアはどういう関係にありますか？

　小学校のクラス写真を撮る時に,「男子は手をゲンコツにしてひざの上」,「女子は両手を重ねて股の上に」とさんざん先生から言われ,「やっぱり男は凛々しくしなきゃ」と一生懸命拳を堅く握りしめていたのを覚えています．就職活動中の大学生に聞くと，今でも面接マナー講座などでは,「女らしさ」や「男らしさ」を「演出」するための指導が熱心に行われるそうです．身体的な特徴に基づく性別を「セックス（sex）」と呼ぶのに対し，このような文化的・社会的な性のあり方を,「ジェンダー（gender）」と呼ぶことが多いようです．

■メディアが描く「女性像」「男性像」

　私たちが日々接するメディアは，主に次の3つの点から，ジェンダーに多大な影響を与えています．1つ目は，女性が男性よりも劣っているかのような印象を与えかねない表現の濫用です．女性は「○○ちゃん」，男性は「○○さん」，と呼び分ける場面をテレビでは未だに多く見ます．また，政治や経済に関するニュースは男性アナウンサーが，生活に密着した話題や花鳥風月の話題は女性アナウンサーや女性タレントが読む，という場面も多いですね．男性は「理性的」だが，女性は「感情的」なので，理論的で難しい話には向いていない，といっているかのようです．

　2つ目は，女性と男性の役割の固定化を進めてしまう表現の氾濫です．大勢のタレントを集めて,「嫁にしたいのは」とか「婿にしたいのは」といったテーマで順位を競うテレビ番組がありますね．「家事が上手そう」「素直そう」などの理由で女性は評価を受け,「頼りがいがある」「まじめに仕事をしてくれそう」などの

理由で男性が評価を受けています．「女はこうあるべき」「男はこうあるべき」というステレオタイプ（画一的なイメージ）を助長し，社会における女性と男性の役割を固定化する上で，大きく貢献しています．

また3つ目として，ポルノや「お色気」特集に象徴されるように，女性を「性の商品」として描く傾向が極めて強いことを指摘しておきます．

メディアは巧みにこれらの情報を流し込みますから，私たちは無意識のうちに，これらがあたかもすべて本当のことであるかのように，受け取ってしまいます．メディア・リテラシーを身につけて，それらを批判的に読み解くとともに，自らが情報の発信者となり，それぞれの「本当」を伝えることが，状況改善の第一歩となります．

■メディアで働く女性の増加を

メディアがジェンダーに関して偏った，あるいは多様性への配慮を欠いた表現を続ける理由の1つとして，メディア産業における，女性従業員の少なさが背景にあると言われています．以下それぞれに占める女性の割合は，新聞記者総数の14.7％，民間放送の全従業員の21.2％，役付従業員の10.5％，NHKの全従業員の11.9％，全管理職・専門職の3.2％です（いずれも2008年）．アジアを含め諸外国に比べると，メディア企業における女性の割合の低さで日本は突出しています．

完全な「男性社会」の中でそれなりの地位を築いた女性管理職職員の多くは，実はジェンダーに関して男性職員以上に保守的だ，と言われることもあります．これは個人の問題というよりは，組織や社会の構造の問題であり，職場（特に意思決定権のあるポジション）への女性の参画を保障し，促進する取り組みを，社会全体が行っていく必要があります．　　　　　　　　　　　　　　　　Ⓜ

CHECK! 諸橋泰樹『メディアリテラシーとジェンダー』現代書館，2009年．

QUESTION! メディア（特にテレビや雑誌）が，「女性像」や「男性像」をつくりたがるのはなぜでしょうか？

101 JAPANESE CHANGING RECRUITING SYSTEM

「新規学卒一括採用」という制度は何が問題なのですか？

　大学生（しかも3年生）を対象に国じゅうの企業が一斉に採用活動を行う光景には，若干の違和感を覚えずにはいられません．まっさらな大学生を採用して，それぞれの企業が独自の色に染め上げていくという「新規学卒一括採用」方式は，世界を見渡しても極めてユニークな仕組みです．メディア業界も例外ではなく，全国規模のテレビ局や新聞社に，その分野で全く経験のない大学生が就職を決めていきます．むしろ少しでもジャーナリズムの世界をかじっていようものなら，逆に煙たがられる，という傾向が続いてきたのは否定できない事実です．

■小さいところから大きいところへ

　筆者が映像について学んでいたカナダでは，将来テレビ局で制作の仕事に就きたければ，大学でテレビ制作の基本を学ぶことを考えます．1年目でおよそ半数の学生がコースを去ります．たいていは成績不振や熱意の低さを理由に強制的にやめさせられますが，「思っていたのと違う」といって自ら去る学生もいます．学生の段階である程度ふるいにかけられるわけです．

　ジャーナリズムの世界でプロとして活躍したければ，まずは大学のジャーナリズム学部（学科）に入ってその基礎を築き上げるというのは，カナダや米国だけでなく，中国や香港，台湾，韓国などでも状況はほぼ同じです．むしろ大学にジャーナリズム学部や学科がほとんど存在しない日本が，世界では例外的だと言えます．

　カナダに話を戻すと，やる気のある学生は，さらに地元のケーブルテレビ局や制作会社などでボランティアをします．その中でも優秀と認められた学生は，アルバイトに「昇格」することもあります．卒業後も，まずは小規模なメディアで経験と実績を積み重ね，徐々に規模の大きなメディアや責任あるポジションへと移って行くのが一般的なキャリアパスになっています．ですから全国規模のメディア企業に就職しておきながら，数年もたたないうちに，「想像していた仕事と違った」といって企業を去っていくようなミスマッチは，まず発生しません．日

本の状況とは大きく異なります．

■実績，実力に基づく採用へ────────────

　最近は，日本でもいわゆる中途採用が増えてきました．放送局や新聞社に，数年もかけて自ら新入社員を育て上げる経済的，時間的余裕がなくなってきたことが原因の1つです．また，多くの資源を投入して採用し育成した人材が，ミスマッチを理由に辞めていくことによる損失を，吸収する体力もなくなってきています．メディア企業は，「即戦力」，つまり自社で育てなくても戦力になる人材を求めるようになりました．今後もこの傾向は強まっていくでしょう．

　若年層の雇用問題に詳しい，東京大学大学院の本田由紀教授は「九〇年代初頭のバブル経済崩壊を契機として経済成長にブレーキがかかり，新卒労働需要も量的抑制と質的厳選化を基調とするようになったことにより，新規学卒一括採用という仕組みがもつデメリットのほうが，大きく浮上することになった」（『日本の論点2010』文藝春秋，2010年，388頁）と指摘しています．

　ジャーナリズムの分野でも，新卒採用だとか，中途採用だとかいうあまり意味のない区分けがなくなり，実績，実力に基づく採用が主流になる日が，日本にもやってくるかもしれません．その時重要性を増すのは，大学における実践的教育と，在学中と卒業前後に実践経験を積むことのできる，比較的小規模なメディアだと言えるでしょう．　　　　　　　　　　　　　　　　　　　　　　　　Ⓜ

CHECK!　『マスコミ就職読本』（新聞・出版・放送・広告編）創出版，最新版．

QUESTION!　ジャーナリストになるための「資格」はあったほうがよいのでしょうか？

索　引

あ
朝日新聞　144
アジアプレス・インターナショナル　59
アビシー　32
アボリジナル・ピープルズ・テレビジョン・
　　ネットワーク（APTN）　194
アンダーソン　27
イタリア　176

い
1面トップ　61
一脚　100
一般紙　40
伊藤律架空会見記　144
イラン　21

う
ウッドワード, ボブ　127
ウォールストリート・ジャーナル　170
動く放送局　196

え
映像ジャーナリズム　56
映像制作　98

お
オーマイ・ニュース　189
押し紙　161
オムニ・テレビジョン　174
オルタナティブ・メディア　52, 138
おわび　146

か
ガーブナー, ジョージ　27
開票速報　124
ガゼット　34
活字離れ　168
カナダ　174, 194, 204
過熱した取材　86
韓国　186, 188, 190
漢字　15
勧進帳　91

き
企画書　98
記事の捏造　144
記者会見　78
記者クラブ　80, 82, 84
記者クラブ問題　82
記者室　80, 84
北朝鮮　25, 192
朝鮮新報　45
朝鮮日報　187
逆三角形（の記事）　104
共同通信　43, 62, 167
京都三条ラジオカフェ　154, 197

く
口伝　12
グーテンベルク, ヨハネス　34
グロート, オットー　30

け
携帯電話　16, 96
権力監視　58, 156
権力　126
言論の自由　157, 182, 184, 188, 190

こ
5W1H　114
甲骨文字　15
硬派面　110
号外　118

国際メディアセンター　132
国際ジャーナリスト連盟（IFJ）　157
個人情報　168
誤報　142, 146
コミュニケーション　2, 4, 6, 12, 13, 14, 15
コミュニケーションに関する権利　6
コミュニティラジオ局　28
コミュニティメディア　54
コムライツ　7
米騒動　38
コンバイン　29

さ

ザ・タイムズ　35
最終版　169
撮影　100
サツ回り　72
雑誌　44
三脚　100
サンゴ事件　144
沢田教一　172

し

ジェンダー　202
時間差スクープ　123
時事新報　37
時事通信　43
視聴率　128
実名報道　148, 150
市民　50
市民メディア　46, 48, 50, 138
市民メディア全国交流集会　48
市民メディアセンター　53, 139, 140
社会面　61
社説　120
ジャーナリズム　24
ジャーナリスト　152, 154
ジャーナリスト安全基金　157
ジャーナリズム教育　198
集団コミュニケーション　4
集団的過熱取材　88

取材編集支援システム　96
守秘義務　75
主見出し　112
シュメール人　14
シュメール文字　14
主要国首脳会議（G8）　132, 134, 136, 138
女性像　202
少年法　150
情報開示　82
情報源　142
知る権利　24, 148, 155
新京報　178, 181
新聞　30-41, 158-171
新聞広告　158
新聞広告掲載率　159
新聞産業　166
新聞紙　30, 162
新聞社の経営　158
人民日報　178, 180
新規学卒一括採用　204

す

スーツケース・ラジオ　200
スクープ　73, 122
スポーツ紙　40
スリランカ　196

せ

正確性　146
整理部　104, 110, 113
世界コミュニティラジオ放送連盟（AMARC）
　　136, 140
世界人権宣言　6
世界先住民族テレビ放送者ネットワーク
　　（WITBN）　195
世帯視聴率　128
選挙監視活動　198
先住民　194
専門紙・業界紙　40
全国紙　41

そ

続報主義　169
外付けマイク　100

た

大衆　5
対面コミュニケーション　4
対立・争い　69
大学新聞　31
大統領の陰謀　127
宅配制度　158, 160
他社要因　65
立花隆　127
脱発表ジャーナリズム　167
田中角栄研究　127
多文化主義　174
ダルシー, ジャン　6
男性社会　203
男性像　202

ち

地域紙　41
地方紙　41, 42, 63
中央日報　187, 188, 190
中国　178, 180, 182, 184
中国共産党　184
中途採用　205
調査報道　126
朝鮮中央通信社　192
朝鮮日報　187, 188, 190

つ

ツイッター（Twitter）　20
通信社　42

て

テレビと暴力　27
てれれ　46
訂正　146
邸報　32

と

出口調査　125
デジタル・カメラ　95
電子ペーパー　162

ドイツ　132, 134
東亜日報　187, 188, 190
東京日日新聞　37
動画共有サイト　18
当選確実　124
特ダネ　73, 122
特ダネ競争　85
匿名報道　148, 150
独立メディアセンター　134, 136
都市報　180
土俵入り　116

な

軟派面　110
南方周末　183, 184

に

ニューヨーク・タイムズ　173
ニュース価値　66
ニュースの重要度　60
ニュースの選択　60, 62, 64

の

ノートパソコン　92
ノドン新聞　192

は

パーソナル・コミュニケーション　10
バーンスタイン, カール　127
長谷川如是閑　39
発生もの　66, 72
発表会　102
発表ジャーナリズム　85
発表資料　79
発表もの　116, 167
パブリック・アクセス　103

パルン村（ネパール）　28
晩報　180

ひ

日付　114
ビデオカメラ　100
ビデオジャーナリスト　58
ビデオジャーナリズム　56, 58
非日常性・異常性　70
暇ダネ　115
ピューリツァー賞　170, 172
表現の自由　150, 157

ふ

ファクス　91, 162
フィジー　200
フィルム映像　56
不偏不党　38
ぶら下がり　76
プラットフォーム　18
ブルマー, ハルバート　4
ブロック紙　41
プロパガンダ映像　57

へ

米国　170
ヘッドフォン　101
編集会議　62, 116
編集用ソフト　101
便宜供与　84

ほ

報道活動　24
報道機能　165
報道写真　94
ポケット・ベル　90
北海道洞爺湖サミット　140

ま

毎日新聞　167
マガジン　44

マクルーハン, マーシャル　22, 26
マス・コミュニケーション　4, 5, 8, 10
マスコミ　10
マスメディア　10, 11, 12, 24, 25, 26, 52, 53, 122, 123
町ダネ　73

み

見出し　106, 110, 112
民主化　188
民主朝鮮　193
民族テレビ放送局　174

め

メッセージ　22
メディア　3, 10, 16, 22
メディア・スクラム　88
メディア接触時間　26

も

文字　13

ゆ

夕刊　169
ユーチューブ（YouTube）　18
ユネスコ　198

よ

夜討ち・朝駆け　74
"横並び"体質　85
横浜毎日新聞　36
予定稿　143
夜回り・朝回り　74

ら

ラジオ・ポポラーレ（民衆ラジオ）　176

り

リード　108
リュミエール兄弟　57

る

ルワンダ　198

れ

レイアウト　111
レラチオン　34

ろ

ロイター　43
ロストック・ショック　134
論説委員　121

わ

脇見だし　113

ワシントン・ポスト　127

AFP　43
AP　43
eTUKTUK　196
femLINKpacific　200
FM ピパウシ　46
G８ラジオ・フォーラム 2008　140
New York 1　58
NIE（教育に新聞を）　159
Our-Planet TV　47
USA トゥデー　170
５Ｗ１Ｈ　98, 108, 109, 114, 148

著者紹介

小 黒　　純（おぐろ・じゅん）
同志社大学社会学部教授（ジャーナリズム研究，ニュース論）
1961年生まれ．
上智大学法学部卒．三井物産と毎日新聞で勤務後，上智大学と米オハイオ州立大学の各大学院修了（修士）．1993年から共同通信記者．2004年から龍谷大学社会学部助教授．2011年から現職．『権力 VS 調査報道』（旬報社，2011年）〔共著〕など．

李　　相哲（り・そうてつ）
龍谷大学社会学部教授（ジャーナリズム史論）
1959年中国生まれ．
1995年上智大学大学院博士課程修了．新聞学博士．著書に『満州における日本人経営新聞の歴史』（凱風社，2000年），『朝鮮における日本人経営新聞の歴史』（角川学芸出版，2009年），『漢字文化の回路』（凱風社，2004年），訳書に『大韓帝国の新聞をめぐる日英紛争』（晃洋書房，2006年）など．

西村敏雄（にしむら・としお）
龍谷大学社会学部非常勤講師（メディア論）
1949年生まれ．
京都外国語大学外国語学部英米科卒．1975年から読売新聞社記者．経済部長を経て，2003年から京都精華大学・教育推進センター教授，2005年から龍谷大学教授，2012年から現職．民間企業の取材や企画（連載）取材を得意分野とする．北朝鮮，インド，中国シルクロードなど約40か国を取材．2001年11月，曹洞宗で出家．

松浦哲郎（まつうら・てつお）
大妻大学文学部助教（コミュニティメディア論）
1976年生まれ．
京都大学総合人間学部卒．カナダで映像制作を学ぶ．映像プロダクションを経て，2004年からコミュニティラジオ局「京都三条ラジオカフェ」でディレクター．2005年から世界コミュニティラジオ放送連盟アジア・太平洋地域理事．2012年から現職．『非営利放送とは何か』（ミネルヴァ書房，2008年）〔共著〕，『コミュニティメディアの未来』（晃洋書房，2010年）〔共著〕など．

超入門ジャーナリズム
―― 101の扉(トビラ) ――

| 2010年5月30日 | 初版第1刷発行 | ＊定価はカバーに |
| 2012年4月15日 | 初版第2刷発行 | 表示してあります |

著者の了解により検印省略

著　者　　小西　純哲雄
　　　　　李　村　相　哲
　　　　　松　浦　敏　郎ⓒ

発行者　　上　田　芳　樹
印刷者　　河　野　俊　昭

発行所　株式会社　晃洋書房
〒615-0026　京都市右京区西院北矢掛町7番地
電話　075(312)0788番(代)
振替口座　01040-6-32280

印刷・製本　西濃印刷㈱

ISBN 978-4-7710-2161-7